ヒチョル式
超速ハングル覚え方講義

1時間で
ハングルが
読めるように
なる本 改訂版

チョ・ヒチョル=著

JN050696

アンニョンハセヨ

　すぐ隣の国は韓国。そこで使われている文字はハングルといいます。最近では、日本の街を歩いていても見かけるようになったので、目にしたことがある人も多いのではないでしょうか?

　でも、見かけたことはあるけれど、読める人はどれくらいいるでしょうか?

日本語とは見た目が全然違うため、まったくわからないなんて人も多いはず。でも、じつはハングルって読むのが簡単です。ハングルはとても科学的にできていますから。

読めないかも……とあきらめるのではなく、まずはこの本を手に取ってみてください。ページをめくっていくと、ものの5分も経たないうちにハングルがいっぱい読めてしまう奇跡を体験できます。

「カマ」「ナス」「サクランボ」……。今はなんのことを言っているかわからないかもしれませんが、この本を読み終えたあとは、これらがハングルを読むうえで大きなキーワードになっていることに気づきます。

2011年に『1時間でハングルが読めるようになる本』を出版して以来、多くの方がハングルの世界に飛び込んでくれました。今回の改訂版は、基本的な構成は踏襲しながらも、初版よりもさらに"わかりやすく"を意識して新たにつくり直しています。

この本を片手に、不思議なハングルの世界へいっしょに飛び込んでみませんか?

チョ・ヒチョル

目次

本 書 の 特 長 と 使 い 方

ハングルをマスターするのに最適な、最初の一冊

本書は、「ハングル文字を読める」ことを主眼にしたハングル学習の入門書です。ハングルに親しんで文字を読めるようになることは、とても大切です。たとえば、英語学習でも「ディスイズアペン」などといつまでもカタカナで勉強していては、進みませんよね。同様に「アンニョンハセヨ」「ケンチャナヨ」といった韓国語を片言でも話せると楽しいものですが、ハングル文字を知れば、さらに発展させていくことが簡単にできるのです。

覚えやすさはそのまま、さらにわかりやすさを追求

12年前に発売された本ですが、ありがたいことに多くの読者の支持を得てきました。その間、みなさまから多くのエールをいただいたり、改善点をご指摘いただいたりしてきました。今回の改訂版は、初版の基本的な構成を踏襲しながら、初版よりもさらにわかりやすく、さらに記憶に残るように工夫し、イラストも写真もリニューアルしています。

数多くの実際の看板などを掲載して、楽しみながら覚える

映画やドラマに登場する文字や、実際に韓国に旅行で訪れたときに出会う看板や標識などがちょっと読めるようになるだけでも、楽しさは倍増するはず。看板や標識に使われている言葉には、読めれば意味がわかるものも多く、覚えたら覚えたぶんだけ、それを実感することができます。本書では、覚えるべき文字の近くにたくさんの用例となるような写真をちりばめました。

とにかく肩の力を抜いて、気楽に読むだけ!

文字の形に似たものをあてはめた独自の連想法で、気軽に読み進めていくだけで、頭に入っていくように構成してあります。ほかのハングル学習書ではお目にかかれないようなやり方なので、ドリル形式で何度も書かなくても覚えられます。本書で得た知識をベースに学習を進めていけば、以降の理解のスピードも必ず異なります。まずは、第一歩を踏み出して、ハングルに親しんでみてください。

ハングルの書体について

下記の色丸の部分のような違いは、書体が違っているだけで同じ文字です。

ㅇ=ㅇ   ㅈ=ㅈ   ㅊ=ㅊ   ㅎ=ㅎ   ㅏ=ㅏ

1章

章

母音と子音

1 | マルイの法則

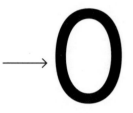

さて、みなさんは
この**ハングル**が読めますか？

……わからないという声が聞こえてきますね。

では次の看板は？　関東や関西の方は見覚えがあると思います。韓国人にはこれが**ハングル**に見えてしょうがありません。

これはファッションビル
のマルイじゃないかって？
そうそう、そのとおり！

そうです。　**マルイ**ですね。

マル　イ

　ハングルにも、マルイと同じように**左にマル「〇」、右に縦棒「｜」**がついた「**이**」という文字があります。

　これを「**イ[i]**」と読みます。

　次の中から、「**이**」というハングルを見つけましょう。

「**아이스**（アイス）」に「**이**（イ）」が、
「**초코파이**（チョコパイ）」に「**이**（イ）」が入っています。

あっ、これはぼくの大好きな韓国の焼酎「チャミスル」！
「チャムイスル」が連音化して「チャミスル」と読みます

「**참이슬**（チャミスル）」にも「**이**（イ）」が入っています。

ここで、ハングルの母音を見てみましょう。

ひらがな	あいうえお
ローマ字	a i u e o
ハングル	아 이 우 에 오

ハングルの母音文字にはいずれも「○」がついているよ

ハングルの母音文字には左か上に「○」がついています。

ハングルにおいて「○」は、その文字が母音の文字であることを表します。

 では、さっそく問題です。

次のうち「ア」「イ」「ウ」「エ」「オ」に
あたる文字に○をつけましょう。

가 아 나 디 이
리 우 무 부 제
세 에 초 오 코

そうです「**아、이、우、에、오**」の5文字です。
すべて「ㅇ」がついていますね。

ローマ字の「a、i、u、e、o」、ひらがなの「あ、い、う、え、お」、カタカナの「ア、イ、ウ、エ、オ」には、文字の形には共通点や特徴が見当たりませんが、ハングルはわかりやすいですね。

ハングルの「ㅇ」
はこの文字は母
音の文字だよと
いう印!

ハングルの母音
文字は右か下につ
いている縦棒や横
棒がキーワード!

2 ハングル 子音5兄弟

　ハングルの母音文字は「아（ア）、이（イ）、우（ウ）、에（エ）、오（オ）」のように、左か上に母音文字であることを表すために「ㅇ」をつけることがわかりましたね。

　それでは今度は子音です。「**子音5兄弟**」を覚えておけば、韓国旅行で「ハングル酔い」をしなくてすむでしょう。
　「子音5兄弟」を覚えるだけでも母音文字との組み合わせでいろんなハングルが読めるようになります。

　次の文字を読んでみてください。

①	②	③	④	⑤
기	니	미	시	이

　⑤はマルイの「イ」ですが、それ以外は読めませんね。しかし、①から④までの右についている縦棒の「ㅣ」はいずれも「イ[i]」であることはわかりますね。
　では、これらの文字がわかれば、これらの文字を読めるようになるということです。そう、ハングルは組み合わせでできているのです。

　日本語の「力」という文字をローマ字で書くと「ka」となり、子音「k」と母音「a」を組み合わせて表します。じつは、ハングルもこれと同じ。「力[ka]、ナ[na]、マ[ma]、サ[sa]」などの「k、n、m、s」にあたるハングルの子音文字を覚えていくと読めるようになります。

　先ほどの①から④の文字を分解しましょう。
①「기」　②「니」　③「미」　④「시」の文字から、母音文字の「ㅣ」を除くと、赤字で示した「ㄱ、ㄴ、ㅁ、ㅅ」が残ります。

ハングルは、子音文字と母音文字の2つに分けることができるよ

右についている縦棒の「ㅣ」を取ると……

　この「ㄱ、ㄴ、ㅁ、ㅅ」と「ㅇ」を合わせた5つの子音文字を、本書ならではの覚え方で一気に覚えましょう。

1 「ㄱ」はカマの[k]

カマ(kama)
の[k]だね！

この文字は形が**カマ**(鎌)に似ていますね。「ㄱ」を見たら、**カ
マ**(kama)の「ケー[k]」と覚えましょう。

では、もう一度確認しましょう。

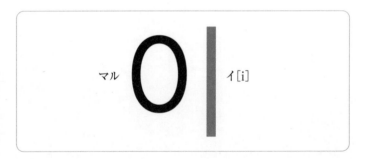

マル　　○　　|　　イ[i]

左の「○」は「ア、イ、ウ、エ、オ」を表すもので、右の縦棒は
「|」は「イ[i]」でしたね。

ということは、「**기**」の読み方は?

　左の「**ㄱ**」が**カマ**(kama)の「ケー[k]」で、右の「**ㅣ**」は「イ[i]」なので、この文字の読み方は、「キ[ki]」です。

ㄱ	＋	ㅣ	＝	기
カマの[k]		マルイの[i]		キ[ki]

기타 キタ(ギター)

기차 キチャ(汽車、列車)

2 「ㄴ」はナスの[n]

かなりおもしろい形の
ナスだけどね！

この文字はナスに似ていますね。「ㄴ」を
見たら、**ナス**の「エヌ[n]」と覚えましょう。

ナス
(nasu)
の[n]だね！

では、「**ㄴㅣ**」の読み方は?

左の「ㄴ」がナスの「エヌ[n]」で、右の「ㅣ」は「イ[i]」なので、
この文字の読み方は、「ニ[ni]」です。

| ㄴ | + | ㅣ | = | ㄴㅣ |

ナスの[n] マルイの[i] ニ[ni]

니스 ニス
(ニス)

미니스커트 ミニスコトゥ
(ミニスカート)

3 「ㅁ」はマッチ箱の[m]

マッチ箱を知っているかな？
マッチがたくさん入っているよ

この文字はマッチ箱に似ていますね。「ㅁ」を見たら、**マッチ箱**の「エム[m]」と覚えましょう。

マッチ箱
(macchibako)
の[m]だね!

では、「**미**」の読み方は?

左の「ㅁ」がマッチ箱の「エム[m]」で、右の「ㅣ」は「イ[i]」なので、この文字の読み方は、「ミ[mi]」です。

ㅁ	+	ㅣ	=	미
マッチ箱の[m]		マルイの[i]		ミ[mi]

미스 ミス(miss)

미나리
ミナリ
(セリ)

4 「人」はサクランボの[s]

　この文字はサクランボに似ていますね。「人」を見たら、**サクランボ**の「エス[s]」と覚えましょう。

サクランボ
(sakurambo)
の[s]だね!

では、「**시**」の読み方は?

　左の「人」がサクランボの「エス[s]」で、右の「ㅣ」は「イ[i]」なので、この文字の読み方は、「シ[si]」です。

人	+	ㅣ	=	시
サクランボの[s]		マルイの[i]		シ[si]

시계 シゲ(時計)　　택시 テクシ(タクシー)

5 「○」はあんパンだから 「ア、イ、ウ、エ、オ」と「ン」

この文字はあんパンの形に似ていますね。この文字は2通りの読み方を表します。

> あんパン (ampan)の [a][n]だね!

ひとつめは아、이、우、에、오などの文字に使われ、「○」はその文字が母音であることを表します。

> P10に出てきた 「ア、イ、ウ、エ、オ」だね

2つめは강、농、멍、숭などのパッチムとして使われ、「ン[ŋ]」という発音になります（くわしくはP89で）。

このように、読める母音や子音文字がひとつ増えるだけでも、読めるハングルは芋づる式に増えていきます。

우리아이 ウリアイ (うちの子ども)

강낭콩 カンナンコン （インゲンマメ）

では、テストをしましょう。

 ハングル文字に関連するものを線で結びましょう。

ロ ㄱ 人 ㄴ ○

s　n　k　母音&ン　m

📝 解答

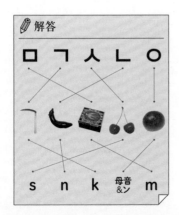

3 | ハングル 母音6兄弟

이
イ

では、もう一度確認しましょう。

左の「ㅇ」は、その文字が母音であることを表し、右の縦棒「ㅣ」は「イ[i]」なので、この文字の読み方は「イ[i]」でしたね。

次の読み方は、

니 = ㄴ + ㅣ → 「ニ」
ナスの[n]　　マルイの[i]

시 = ㅅ + ㅣ → 「シ」
サクランボの[s]　　マルイの[i]

です。

「ㅇ、ㄱ、ㄴ、ㅁ、ㅅ」の子音5兄弟に、今度は母音を組み合わせていきましょう。子音の右か下に母音文字をつけると一気に読める文字が増えてきます。

まず、縦棒の「｜[i]」はしっかり覚えましたね。それに加えて、「一、ㅓ、ㅏ、ㅗ、ㅜ」の5つの母音を合わせて覚えましょう。

これが「母音6兄弟」です。

まず、見てみましょう。

①	②	③	④	⑤	⑥
이	으	어	아	오	우

この中の①はマルイの「イ」と覚えましたね。残りはあと5つ。

この文字をよく見ていると、

①이と②으、　③어と④아、　⑤오と⑥우
はそれぞれ2文字ずつ対になっています。

つまり、母音を表す「ㅇ」のあとに、

①이と	②으は	縦棒と横棒
③어と	④아は	縦棒に左点、右点
⑤오と	⑥우は	横棒に上点、下点

です。

真ん中の点を中心として

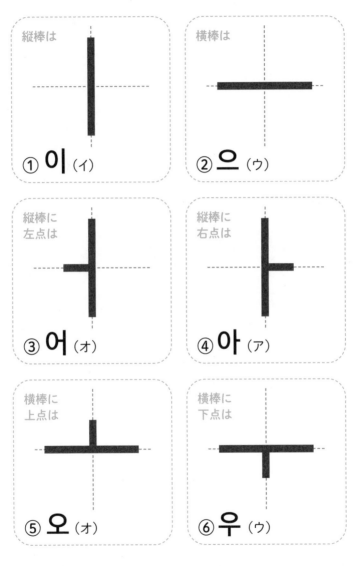

縦棒は

① 이 (イ)

横棒は

② 으 (ウ)

縦棒に
左点は

③ 어 (オ)

縦棒に
右点は

④ 아 (ア)

横棒に
上点は

⑤ 오 (オ)

横棒に
下点は

⑥ 우 (ウ)

これが「母音6兄弟」です。

①+② 縦イ、ウ横（縦 言う 横）

それでは、まず、 ① 이 と ② 으 です。

①は「イ[i]」でしたね。ところで②は「ウ[ɯ]」です。縦棒の文字は「イ」、横棒の文字は「ウ」ということ。「**縦イ、ウ横（縦言う横）**」と覚えましょう。

縦イ、ウ横（縦 言う 横）

「横を言う」のではなく、「縦を言う」!?
つまり縦棒があれば「이（イ）」、横棒があれば「으（ウ）」ということ！

次を3回ずつ唱えてみましょう。

「縦 イ、ウ 横（縦言う横）」

「縦 丨、— 横（縦言う横）」

「縦 이、으 横（縦言う横）」

이 イ[i]
日本語の「イ」と同じ

으 ウ[ɯ]
口をハングルの「一」の
字のようにして「ウ」と発音

では、「ㅇ、ㄱ、ㄴ、ㅁ、ㅅ」に母音の「一」を
合体させましょう。

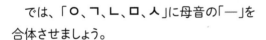

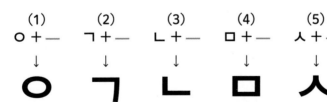

(1)	(2)	(3)	(4)	(5)
ㅇ＋一	ㄱ＋一	ㄴ＋一	ㅁ＋一	ㅅ＋一
↓	↓	↓	↓	↓
으	그	느	므	스
ウ	ク	ヌ	ム	ス

(1) 으 [ウ/ɯ] | ㅇ + ー | あんパンの「ㅇ」に「ー」

으라차차 ウラチャチャ
(よいしょ)

으뜸
ウットゥム
(いちばん、
第一)

(2) 그 [ク/kɯ] | ㄱ + ー | カマの「ㄱ」に「ー」

그 사람 クサラム(あの人)

그래도 クレド(でも)

(3) 느 [ヌ/nɯ] | ㄴ + ー | ナスの「ㄴ」に「ー」

느리고 느린 ヌリゴヌリン
(遅くて遅い)

어느 날 オヌナル(ある日)

(4) **으** [ム/mɯ] | ㅁ + ― | マッチ箱の「ㅁ」に「―」

으두셀라
ムドゥセルラ
（ムドゥセラ）

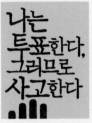

그러므로
クロムロ
（ゆえに）

(5) **스** [ス/sɯ] | ㅅ + ― | サクランボの「ㅅ」に「―」

스위스
スウィス
（スイス）

키스 キス（キス）

 それでは復習してみましょう。

ウ	ウ	ウ	ウ
으		으	으

ク	ヌ	ム	ス
그	ㄴ	ㅁ	

27

③
＋
④

左オ、ア右（左 or 右）

今度は、この2文字ですが「**左オ、ア右（左or右）**」と覚えましょう。

③ **어**　④ **아**

縦棒に左に点のある③「**어**」は「**オ**」、縦棒に右に点のある④「**아**」は「**ア**」です。つまり**左は「オ」**、**「ア」は右**です。

左オ、ア右（左 or 右）

「左or右」か!! つまり左に点があれば「어」、右に点があれば「아」ってことだね!

次を3回ずつ唱えてみましょう。

「左 オ、ア 右（左or右）」

「左 ㅓ、ㅏ 右（左or右）」

「左 어、아 右（左or右）」

まずは「ㅓ」ですが、「ㅇ、ㄱ、ㄴ、ㅁ、ㅅ」に
母音の「ㅓ」を合体させましょう。

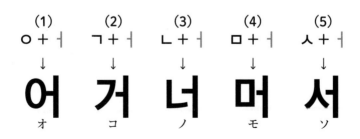

1章

(1) 어 [オ/ɔ] ｜ ㅇ + ㅓ ｜ あんパンの「ㅇ」に「ㅓ」

어머니 オモニ (お母さん)　　오징어 オジンオ (イカ)

(2) 거 [コ/kɔ] ｜ ㄱ + ㅓ ｜ カマの「ㄱ」に「ㅓ」

 거미 コミ (クモ)

거기 コギ(そこ)

(3) 너 [ノ/nɔ] ｜ ㄴ + ㅓ ｜ ナスの「ㄴ」に「ㅓ」

 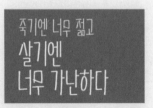

너답게 ノダプケ (君らしく)　　너무 ノム (とても)

(4) **머** [モ/mɔ] | ロ + ㅓ | マッチ箱の「ロ」に「ㅓ」

머리 モリ(頭)

머니 モニ(お金)

(5) **서** [ソ/sɔ] | ㅅ + ㅓ | サクランボの「ㅅ」に「ㅓ」

서울 ソウル(ソウル)

서쪽 ソッチョク(西側)

それでは復習してみましょう。

オ	オ	オ	オ
어		**어**	**어**
ㅋ	ノ	モ	ソ
거	**너**	**머**	**서**

次に、「ㅏ」(ア)です。

左オ、ア右（左 or 右）

아 ア[a]
「ア」より口をやや
大きく開けて発音

でしたね。

では、「ㅇ、ㄱ、ㄴ、ㅁ、ㅅ」に母音の「ㅏ」を
合体させましょう。

(1)	(2)	(3)	(4)	(5)
ㅇ＋ㅏ	ㄱ＋ㅏ	ㄴ＋ㅏ	ㅁ＋ㅏ	ㅅ＋ㅏ
↓	↓	↓	↓	↓
아	가	나	마	사
ア	カ	ナ	マ	サ

(1) 아 [ア/a] | ㅇ + ㅏ | あんパンの「ㅇ」に「ㅏ」

아이 アイ(子ども)

좋아
チョア
(好き)

(2) 가 [カ/ka] | ㄱ + ㅏ | カマの「ㄱ」に「ㅏ」

가수 カス(歌手)

가게 カゲ(お店)

(3) 나 [ナ/na] | ㄴ + ㅏ | ナスの「ㄴ」に「ㅏ」

나 ナ (ぼく、私)

우리나라 ウリナラ(わが国)

(4) 마 [マ/ma] ｜ ㅁ + ㅏ ｜ マッチ箱の「ㅁ」に「ㅏ」

마루 マル(床)

마트 マトゥ
(スーパー)

(5) 사 [サ/sa] ｜ ㅅ + ㅏ ｜ サクランボの「ㅅ」に「ㅏ」

사랑 サラン (愛)

사과 サグヮ(リンゴ)

それでは復習してみましょう。

ア
아

ア
아

ア
아

カ
가

ナ
나

マ
마

サ
사

⑤+⑥ 上オ、ウ下（上 追う 下）

今度は、この2文字ですが「**上オ、ウ下（上追う下）**」と覚えましょう。

⑤ 오　⑥ 우

横棒に上に点のある⑤「**오**」は「**オ**」、横棒に下に点のある⑥「**우**」は「**ウ**」です。つまり**上は「オ」、「ウ」は下**です。

上オ、ウ下（上 追う 下）

「上追う下」か！　つまり上に点があれば「오」、下に点があれば「우」ってことだね！

次を3回ずつ唱えてみましょう。

「上 オ、ウ 下（上追う下）」

「上 ⊥、ㅜ 下（上追う下）」

「上 오、우 下（上追う下）」

오 オ[o]
唇を丸めて
前につき出して

우 ウ[u]
唇を丸めて
前につき出して

まずは、「ㅇ、ㄱ、ㄴ、ㅁ、ㅅ」に母音の「ㅗ」を
合体させましょう。

(1)	(2)	(3)	(4)	(5)
ㅇ + ㅗ	ㄱ + ㅗ	ㄴ + ㅗ	ㅁ + ㅗ	ㅅ + ㅗ
↓	↓	↓	↓	↓
오	고	노	모	소
オ	コ	ノ	モ	ソ

(1) **오** [オ/o] ｜ ㅇ＋ㅗ ｜ あんパンの「ㅇ」に「ㅗ」

오이 オイ(キュウリ)

오늘
オヌル
(今日)

(2) **고** [コ/ko] ｜ ㄱ＋ㅗ ｜ カマの「ㄱ」に「ㅗ」

고바우 コバウ(けちん坊)

고등어
コドゥンオ
(サバ)

(3) **노** [ノ/no] ｜ ㄴ＋ㅗ ｜ ナスの「ㄴ」に「ㅗ」

노래방
ノレバン
(カラオケ)

예스, 노 イェス、ノ(イエス、ノー)

(4) 모 [モ/mo] | ㅁ + ㅗ | マッチ箱の「ㅁ」に「ㅗ」

모두 モドゥ(みんなで)

네모 ネモ(四角)

(5) 소 [ソ/so] | ㅅ + ㅗ | サクランボの「ㅅ」に「ㅗ」

소주 ソジュ(焼酎)

채소 チェソ(野菜)

 それでは復習してみましょう。

オ	オ	オ	オ
오		오	오
コ	ノ	モ	ソ
고	노	모	소

次に、「ㅜ」(ウ)です。

上オ、ウ下（上 追う 下）

우 ウ[u]
唇を丸めて
前につき出して

でしたね。

では、「ㅇ、ㄱ、ㄴ、ㅁ、ㅅ」に母音の「ㅜ」を
合体させましょう。

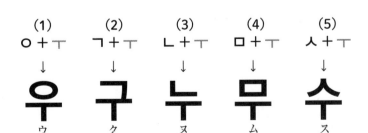

(1)	(2)	(3)	(4)	(5)
ㅇ＋ㅜ	ㄱ＋ㅜ	ㄴ＋ㅜ	ㅁ＋ㅜ	ㅅ＋ㅜ
↓	↓	↓	↓	↓
우	구	누	무	수
ウ	ク	ヌ	ム	ス

(1) 우 [ウ/u] | ○ + ㅜ | あんパンの「○」に「ㅜ」

우리 ウリ(私たち)

우동 ウドン(うどん)

(2) 구 [ク/ku] | ㄱ + ㅜ | カマの「ㄱ」に「ㅜ」

구두 クドゥ(靴)

구구단 クグダン(九九)

(3) 누 [ヌ/nu] | ㄴ + ㅜ | ナスの「ㄴ」に「ㅜ」

누나 ヌナ(姉[弟から]見て)

누구 ヌグ(誰)

(4) **무** [ム/mu] | ㅁ + ㅜ | マッチ箱の「ㅁ」に「ㅜ」

무 ム(大根)

나무 ナム(木)

(5) **수** [ス/su] | ㅅ + ㅜ | サクランボの「ㅅ」に「ㅜ」

수제비
スジェビ
(すいとん)

수박 スバク(スイカ)

 それでは復習してみましょう。

ウ	ウ	ウ	ウ
우		우	우

ク	ヌ	ム	ス
구	누	무	수

さて、これで「ハングル母音6兄弟」を覚えたことになります。

①	이	｜	イ
②	으	ー	ウ
③	어	ㅓ	オ
④	아	ㅏ	ア
⑤	오	ㅗ	オ
⑥	우	ㅜ	ウ

　この6つの文字の形を見ると、それぞれがとてもバランスよくできています。

　また、①②は縦棒と横棒、③④は左に「ㅇ」が、⑤⑥は上に「ㅇ」がついています。さらに、③④は縦の棒に左点または右点が、⑤⑥は横の棒に上点または下点がついています。

最後に復習しましょう。「ハングル母音6兄弟」は、

│：縦の棒はイ

─：横の棒はウ

これを　縦イ、ウ横（縦 言う 横）

┤：縦の棒に左点はオ

├：縦の棒に右点はア

これを　左オ、ア右（左 or 右）

⊥：横の棒に上点はオ

⊤：横の棒に下点はウ

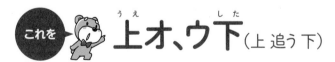

これを　上オ、ウ下（上 追う 下）

と覚えれば簡単！

では、ここでテストです。

次を線で結びましょう。

縦棒　横棒　左点　右点　下点　上点

ト　ト　ー　｜　ー　ㅗ

오　어　이　우　아　으

ア　　イ　　ウ　　オ

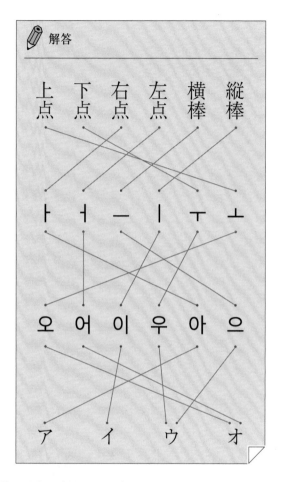

最後にもう一度唱えてみましょう！

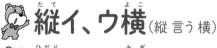

縦イ、ウ横（縦 言う横）

左オ、ア右（左 or 右）

上オ、ウ下（上 追う下）

みなさんできましたか？

이 으 어 아 오 우

기 그 거 가 고 구

니 느 너 나 노 누

미 므 머 마 모 무

시 스 서 사 소 수

2章

母音の
仲間たち

1 ヤ行の母音

　1章で「**ハングル母音6兄弟**」を覚えました。そのほかに、ハングルでは**ヤ行**の「**ヤ、ユ、ヨ**」も母音文字です。「ハングル母音6兄弟」とヤ行の母音「**야、여、요、유**」の4つ(※)を合わせた10の母音を基本母音といいます。ここでは、「**야、여、요、유**」の**4つの母音**を覚えましょう。

（※「어[オ]」「오[オ]」と同様に、「ヨ」の音が「여、요」の2つあるので計4つです）

　どんな関係になっているか、整理をすると……

①	**아**	[ア/a]
②	**야**	[ヤ/ya]
③	**어**	[オ/ɔ]
④	**여**	[ヨ/yɔ]
⑤	**오**	[オ/o]
⑥	**요**	[ヨ/yo]
⑦	**우**	[ウ/u]
⑧	**유**	[ユ/yu]
⑨	**으**	[ウ/ɯ]
⑩	**이**	[イ/i]

③어と①아(左or右)、
⑤오と⑦우(上追う下)、
⑩이と⑨으(縦言う横)は覚えましたね。
あとはヤ行の②야 ④여 ⑥요 ⑧유 の4文字です。

②야 ④여 ⑥요 ⑧유は、①아 ③어 ⑤오 ⑦우に毛が生えたようなもの

そう！ ①아 ③어 ⑤오 ⑦우がしっかりわかれば、②야 ④여 ⑥요 ⑧유は数秒で覚えられてしまうね！

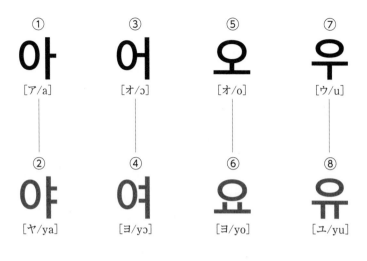

① 아 [ア/a]
③ 어 [オ/ɔ]
⑤ 오 [オ/o]
⑦ 우 [ウ/u]
② 야 [ヤ/ya]
④ 여 [ヨ/yɔ]
⑥ 요 [ヨ/yo]
⑧ 유 [ユ/yu]

下の赤の文字は上の文字に点がもうひとつずつついているだけだね

そうそう! 点々の文字はヤ行の音だよ! つまり「아」は「ア」、点々の「야」は「ヤ」だよ

　上と下の文字の違いは、いずれも点ひとつです。

　つまり上は点がひとつ、下は点々です。縦棒と横棒に点々があったら、それはヤ行の母音ということです。

点々の心は「ヤ、ユ、ヨ」

と覚えましょう。

では、おさらいをしながら順番に文字を見ていきましょう。

① **아** = ○ + ㅏ

[ア/a]　　　あんパンの「○」　　縦棒に右点の[a]

でしたね。では、ヤ行の母音「야」はどうでしょう。

② **야** = ○ + ㅑ

[ヤ/ya]　　　あんパンの「○」　　点々の心の[ya]

「아」の「ㅏ」は縦棒に右の点がひとつある「ㅏ[ア/a]」でしたね。
「야」の「ㅑ」は点が2つあるので「ㅑ[ヤ/ya]」になります。

　つまり、**点々の心は「ヤ、ユ、ヨ」**なので、
「ㅑ」と「○」(母音を表すあんパン)を組み合わせた「야」は
[ヤ/ya]と読みます。

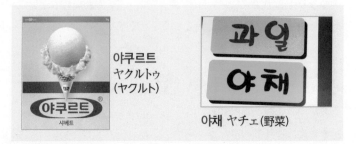

야쿠르트
ヤクルトゥ
(ヤクルト)

아채 ヤチェ(野菜)

ほかの子音と「ㅑ [ヤ/ya]」を組み合わせていきましょう。

갸 = ㄱ + ㅑ
キャ　　　カマの
[kya]　　[k]

갸우뚱
キャウットゥン
(首をかしげる様子)

냐 = ㄴ + ㅑ
ニャ　　　ナスの
[nya]　　[n]

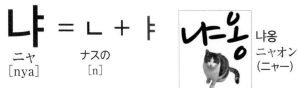

냐옹
ニャオン
(ニャー)

먀 = ㅁ + ㅑ
ミャ　　　マッチ箱の
[mya]　　[m]

먀오족
ミャオジョク
(ミャオ族)

샤 = ㅅ + ㅑ
シャ　　　サクランボの
[sya]　　[s]

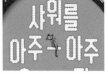

샤워 シャウォ (シャワー)

 さぁどんどんいきましょう。次の文字は、ヤ行の母音「여」です。

③ **어** [ォ/ɔ]　　④ **여** [ヨ/yɔ]

51

「어」の「ㅓ」は、縦棒の左に点がひとつある「ㅓ[オ/ɔ]」でしたね。「여」の「ㅕ」は縦棒の左に点が2つあります。これは、点々の心は「ヤ、ユ、ヨ」なので、「ㅕ」は[ヨ/yɔ]になります。

여행 ヨヘン（旅行）

여자 ヨジャ（女子）

ほかの子音と「ㅕ[ヨ/yɔ]」を組み合わせていきましょう。

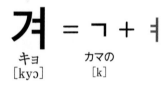

겨 = ㄱ + ㅕ

キョ　　カマの
[kyɔ]　　[k]

겨울
キョウル
（冬）

녀 = ㄴ + ㅕ

ニョ　　ナスの
[nyɔ]　　[n]

남녀노소
ナムニョノソ
（老若男女）

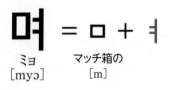

며 = ㅁ + ㅕ

ミョ　　マッチ箱の
[myɔ]　　[m]

며느리
ミョヌリ
（嫁）

셔 = ㅅ + ㅕ

ショ
[syo]

サクランボの
[s]

셔틀버스
ショトゥルボス
(シャトルバス)

 次の文字は、ヤ行の母音「요」です。

⑤ **오** [オ/o]　⑥ **요** [ヨ/yo]

「오」の「ㅗ」は横棒の上に点がひとつある「ㅗ[オ/o]」でしたね。「요」の「ㅛ」は横棒の上に点が2つあります。これは、点々の心は「ヤ、ユ、ヨ」なので、「ㅛ」は[ヨ/yo]です。

요리
ヨリ
(料理)

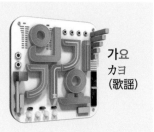

가요
カヨ
(歌謡)

ほかの子音と「ㅛ[ヨ/yo]」を組み合わせていきましょう。

교 = ㄱ + ㅛ

キョ
[kyo]

カマの
[k]

교실
キョシル
(教室)

뇨 = ㄴ + ㅛ

ニョ   ナスの
[nyo]   [n]

비뇨 ピニョ(泌尿)

묘 = ㅁ + ㅛ

ミョ   マッチ箱の
[myo]   [m]

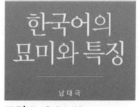

묘미 ミョミ(妙味)

쇼 = ㅅ + ㅛ

ショ   サクランボの
[syo]   [s]

쇼핑 ショピン
(ショッピング)

 次の文字は、ヤ行の母音「유」です。

⑦ **우** [ウ/u]   ⑧ **유** [ユ/yu]

　「우」の「ㅜ」は、横棒の下に点がひとつある「ㅜ [ウ/u]」でしたね。「유」の「ㅠ」は横棒の下に点が2つあります。これは、点々の心は「ヤ、ユ、ヨ」なので、「ㅠ」は[ユ/yu]です。

유아 ユア(幼児)

우유
ウユ
(牛乳)

ほかの子音と「ㅠ[ユ/yu]」を組み合わせていきましょう。

규 = ㄱ + ㅠ
ㅋュ 　　カマの
[kyu] 　　[k]

규칙 キュチク(規則)

뉴 = ㄴ + ㅠ
ニュ 　　ナスの
[nyu] 　　[n]

뉴스
ニュス
(ニュース)

뮤 = ㅁ + ㅠ
ミュ 　　マッチ箱の
[myu] 　　[m]

뮤직
ミュジク
(ミュージック)

슈 = ㅅ + ㅠ
シュ 　　サクランボの
[syu] 　　[s]

슈퍼 シュポ
(スーパー)

2 | 母音「エ」と「イェ」

今度は「애(エ)」と「에(エ)」という母音の文字です。

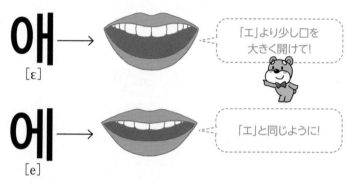

애
[ε]

「エ」より少し口を大きく開けて!

에
[e]

「エ」と同じように!

いずれも「エ」です。韓国でも両方の発音の区別をしなくなってきているので、いずれも発音は「エ」と覚えましょう。

エイチの「エ」

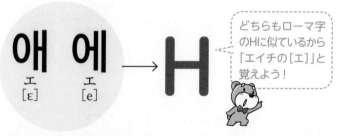

애 에 → **H**

エ
[ε]

エ
[e]

どちらもローマ字のHに似ているから「エイチの[エ]」と覚えよう!

　左には母音を表す「○」がついています。「ㅐ」と「ㅔ」は点の位置こそ違いますが、どちらも「エ」と発音すればOKです。

애 = ○ + ㅐ
エ
[ε]
あんパンの
母音

애 エ (子ども)

에 = ○ + ㅔ
エ
[e]
あんパンの
母音

에디슨 エディスン（エジソン）

子音と組み合わせていきましょう。

개 = ㄱ + ㅐ
ケ
[kε]
カマの
[k]

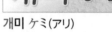

개미 ケミ（アリ）

게 = ㄱ + ㅔ
ケ
[ke]
カマの
[k]

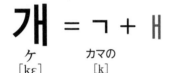

게 ケ（カニ）

내 = ㄴ + ㅐ
ネ
[nε]
ナスの
[n]

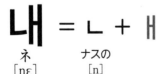

내 ネ（ぼくの、私の）

네 = ㄴ + ㅔ
ネ
[ne]
ナスの
[n]

네일 ネイル（ネイル）

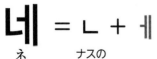

매 = ㅁ + ㅐ
メ
[mɛ]
マッチ箱の
[m]

매미
メミ
(セミ)

메 = ㅁ + ㅔ
メ
[me]
マッチ箱の
[m]

메아리
メアリ
(山びこ)

새 = ㅅ + ㅐ
セ
[sɛ]
サクランボの
[s]

새
セ
(鳥)

세 = ㅅ + ㅔ
セ
[se]
サクランボの
[s]

세 마리
セ マリ
(3匹)

　これで、母音の「ㅐ[ㅐ、ㅔ]」を使う文字が読めるようになりました。

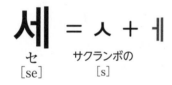

애 에 개 게 내
네 매 메 새 세

ヤ行の母音の「イェ」

애

「애」の「ㅐ」はエイチの「ㅐ[エ/ɛ]」でしたね。
「ㅒ」はエイチの縦棒の間に点が2つあります。
点々の心は「ヤ、ユ、ヨ」なので、「ㅒ」は[イェ/yɛ]
です。

애 = ㅇ + ㅒ
イェ　　あんパンの
[yɛ]　　母音

애
イェ
（おい!）

예

「에」の「ㅔ」はエイチの「ㅔ[エ/e]」でしたね。
「예」はエイチの縦棒の左に点が2つあります。
点々の心は「ヤ、ユ、ヨ」なので、「ㅖ」は[イェ/ye]
です。「얘」と「예」は、どちらも「イェ」と発音し
ます。

예 = ㅇ + ㅖ
イェ　　あんパンの
[ye]　　母音

예수님
イェスニム
（イエス様）

계 = ㄱ + ㅖ
ケ　　カマの
[ke]　　[k]

계세요?
ケセヨ
（いらっしゃい
ますか?）

59

では、おさらいをしましょう。

ここまでで学んだ子音と「母音の仲間たち」です。
線で結びましょう。

(1)

야　요　냐　슈

A	B	C	D

シュ　ヤ　ヨ　ニャ

(2)

예　매　게　네

A	B	C	D

ネ　ケ　メ　イェ

解答
(1) 야ーDーヤ、요ーAーヨ、냐ーCーニャ、슈ーBーシュ
(2) 예ーBーイェ、매ーAーメ、게ーDーケ、네ーCーネ

3 章

子音の
仲間たち

1 「ㄷ」はタオルの[t]

たたまれた
タオルだね

1章で「ㄱ、ㄴ、ㅁ、ㅅ、ㅇ」の「**子音5兄弟**」を覚えましたね。ハングルには、その5つ以外にも子音があります。

今度はその文字をひとつずつ勉強しましょう。

タオル（taoru）の[t]だね

まず、「ㄷ」という文字です。この文字はたたまれた**タオル**に見えてきませんか？ この文字を見たら、**タオル**の「ティー[t]」と覚えましょう。

では、「**디**」の読み方は？

[t]と[i]の組み合わせなので、[ti]つまり「ティ」です。

$$ㄷ + ㅣ = 디$$

タオルの[t]　　　縦イ[i]　　　ティ[ti]

디자인
ティジャイン
（デザイン）

디지털 ティジトル（デジタル）

それでは、母音を「ㅏ」に替えてみましょう。

$$ ㄷ + ㅏ = 다 $$

タオルの[t]　　右のア[a]　　タ[ta]

　[t]と[a]の組み合わせなので、[ta]つまり「タ」です。
そう、ハングルはすべて組み合わせなんです。

　引き続き、タオルの[t]と母音を組み合わせたハング
ルを見てみましょう。

다	디	두	드
タ	ティ	トゥ	トゥ
[ta]	[ti]	[tu]	[tɯ]

데	대	도	더
テ	テ	ト	ト
[te]	[tɛ]	[to]	[tɔ]

다 = ㄷ + ㅏ
タ ... 右「ア」
[ta] ... [t] ... [a]

다이어트
タイオトゥ
(ダイエット)

디 = ㄷ + ㅣ
ティ ... 縦「イ」
[ti] ... [t] ... [i]

디카
ティカ
(デジカメ)

두 = ㄷ + ㅜ
トゥ ... 下「ウ」
[tu] ... [t] ... [u]

두부 トゥブ (豆腐)

드 = ㄷ + ㅡ
トゥ ... 横「ウ」
[tɯ] ... [t] ... [ɯ]

드라마 トゥラマ (ドラマ)

데 = ㄷ + ㅔ
テ　　　　エイチの「エ」
[te]　[t]　[e]

데이트 テイトゥ(デート)

대 = ㄷ + ㅐ
テ　　　　エイチの「エ」
[tɛ]　[t]　[ɛ]

대구 テグ(大邱)

도 = ㄷ + ㅗ
ト　　　　上「オ」
[to]　[t]　[o]

도착 トチャク(到着)

더 = ㄷ + ㅓ
ト　　　　左「オ」
[tɔ]　[t]　[ɔ]

더 ト(もっと)

2 | 「ㄹ」はリボンの[r]

リボンに見えるかな?

ㄹ → ⊂ → r

リボン (ribon)の [r]だね

　続いて「ㄹ」という文字です。この文字はリボンに見えてきますよね。この文字を見たら、**リボンの[r]**と覚えましょう。

では、「**리**」の読み方は?

[r]と[i]の組み合わせなので、[ri]つまり「リ」です。

$$ㄹ \quad + \quad | \quad = \quad 리$$

リボンの[r] 　　　縦イ[i] 　　　リ[ri]

리듬 リドゥム (リズム)

요리사 ヨリサ (料理人)

引き続き、リボンの[r]と母音を組み合わせたハングルを見てみましょう。

라 ラ [ra]	**리** リ [ri]	**루** ル [ru]	**르** ル [rɯ]
레 レ [re]	**래** レ [rɛ]	**로** ロ [ro]	**러** ロ [rɔ]

라 ＝ ㄹ ＋ ㅏ
ラ　　　　　　　右「ア」
[ra]　　[r]　　[a]

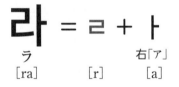

라디오 ラディオ (ラジオ)

리 ＝ ㄹ ＋ ㅣ
リ　　　　　　　縦「イ」
[ri]　　[r]　　[i]

리본 リボン (リボン)

루 ＝ ㄹ ＋ ㅜ
ル　　　　　　　下「ウ」
[ru]　　[r]　　[u]

루브르 ルブル (ルーブル)

르 = ㄹ + ㅡ
ル
[rɯ]　　[r]　　横「ウ」
　　　　　　　　　 [ɯ]

르누아르
ルヌアル（ルノワール）

레 = ㄹ + ㅔ
レ
[re]　　[r]　　エイチの「エ」
　　　　　　　　　 [e]

레몬
レモン
（レモン）

래 = ㄹ + ㅐ
レ
[rɛ]　　[r]　　エイチの「エ」
　　　　　　　　　 [ɛ]

노래 ノレ（歌）

로 = ㄹ + ㅗ
ロ
[ro]　　[r]　　上「オ」
　　　　　　　　　 [o]

로마 ロマ（ローマ）

러 = ㄹ + ㅓ
ロ
[rɔ]　　[r]　　左「オ」
　　　　　　　　　 [ɔ]

러시아 ロシア（ロシア）

3 「ㅂ」はパッとの[p]

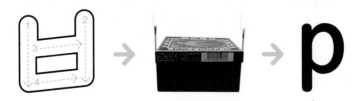

「ㅂ」という文字は、マッチ箱の上に棒が2つあり、そこにパッと火がついた形で覚えましょう。そうパッと(patto)の「ピ[p]」と覚えましょう。

マッチ箱の火がパッと(patto)ついたの[p]

では、「비」の読み方は？

[p]と[i]の組み合わせなので、[pi]つまり「ピ」です。

ㅂ + ㅣ = 비
パッとの[p]　　縦イ[i]　　ピ[pi]

비 ピ(雨)　　비누 ピヌ(せっけん)

引き続き、パッとの[p]と母音を組み合わせたハングル
を見てみましょう。

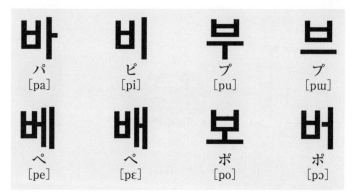

바	비	부	브
パ	ピ	プ	プ
[pa]	[pi]	[pu]	[pɯ]

베	배	보	버
ペ	ペ	ポ	ポ
[pe]	[pɛ]	[po]	[pɔ]

바 = ㅂ + ㅏ

パ　　　　　　　　右「ア」
[pa]　　[p]　　　[a]

바다 パダ（海）

비 = ㅂ + ㅣ

ピ　　　　　　　　縦「イ」
[pi]　　[p]　　　[i]

비빔밥 ピビムパプ（ビビンバ）

부 = ㅂ + ㅜ

プ　　　　　　　　下「ウ」
[pu]　　[p]　　　[u]

부자 プジャ（金持ち）、
부부 ププ（夫婦）

브 = ㅂ + ㅡ
プ　　　　　横「ウ」
[pɯ]　　[p]　　[ɯ]

브이로그 プイログ（ブイログ）

베 = ㅂ + ㅔ
ペ　　　　エイチの「エ」
[pe]　　[p]　　[e]

베트남 ペトゥナム（ベトナム）

배 = ㅂ + ㅐ
ペ　　　　エイチの「エ」
[pɛ]　　[p]　　[ɛ]

배 ペ（梨）

보 = ㅂ + ㅗ
ポ　　　　上「オ」
[po]　　[p]　　[o]

보리 ポリ（大麦）

버 = ㅂ + ㅓ
ポ　　　　左「オ」
[pɔ]　　[p]　　[ɔ]

버스 ポス（バス）

4 「ㅈ」はスウォッチの[tʃ]

スウォッチの「ス」は「チ」

ス → ス → tʃ

「ㅈ」という文字は、カタカナの「ス」に似ていますね。これを見たら、「スウォッチ(swatch)の「tʃ」と覚えてください。そうです、おしゃれなデザインで有名な時計ブランドのスウォッチです。

文字の形が「ス」に似ている→「ス」ウォッ「チ」→「ス」は「チ」と覚えましょう。

では、「지」の読み方は?

[tʃ]と[i]の組み合わせなので、[tʃi]つまり「チ」です。

ㅈ + ㅣ = 지

スウォッチのチ[tʃ]　　縦イ[i]　　チ[tʃi]

지도
チド
(地図)

지구
チグ
(地球)

引き続き、スウォッチの[tʃ]と母音を組み合わせたハングル見てみましょう。

자	**지**	**주**	**즈**
チャ	チ	チュ	チュ
[tʃa]	[tʃi]	[tʃu]	[tʃɯ]
제	**재**	**조**	**저**
チェ	チェ	チョ	チョ
[tʃe]	[tʃɛ]	[tʃo]	[tʃɔ]

자 = ㅈ + ㅏ
チャ   右「ア」
[tʃa]   [tʃ]   [a]

자동차 チャドンチャ(自動車)

지 = ㅈ + ㅣ
チ   縦「イ」
[tʃi]   [tʃ]   [i]

지리 チリ(地理)

주 = ㅈ + ㅜ
チュ   下「ウ」
[tʃu]   「tʃ]   [u]

주식 チュシク(株式)

즈 = ㅈ + ㅡ

チュ   ㅈ   横「ウ」
[t͡ɕɯ]   [t͡ɕ]   [ɯ]

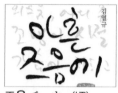

즈음 チュウム(頃)

제 = ㅈ + ㅔ

チェ   ㅈ   エイチの「エ」
[t͡ɕe]   [t͡ɕ]   [e]

제주도 チェジュド(済州島)

재 = ㅈ + ㅐ

チェ   ㅈ   エイチの「エ」
[t͡ɕɛ]   [t͡ɕ]   [ɛ]

재즈
チェジュ
(ジャズ)

조 = ㅈ + ㅗ

チョ   ㅈ   上「オ」
[t͡ɕo]   [t͡ɕ]   [o]

조개
チョゲ
(貝)

저 = ㅈ + ㅓ

チョ   ㅈ   左「オ」
[t͡ɕɔ]   [t͡ɕ]   [ɔ]

저고리
チョゴリ
(チョゴリ)

5 「ㅎ」はフタの[h]
エイチ

 →

　最後に「ㅎ」という文字です。1章で出てきた「ㅇ」(あんパン)の上にフタをしているように見えませんか？　そう! この文字は、フタの「エイチ[h]」と覚えましょう。

フタ(huta)の
[h]だね

では、「히」の読み方は?

[h]と[i]の組み合わせなので、[hi]つまり「ヒ」です。

ㅎ　　　　＋　　　｜　　　＝　　　히
フタの[h]　　　　縦イ[i]　　　　ヒ[hi]

히피
ヒピ
(ヒッピー)

히트
ヒトゥ
(ヒット)

引き続き、フタの[h]と母音を組み合わせたハングルを見てみましょう。

하 ハ [ha]	**히** ヒ [hi]	**후** フ [hu]	**흐** フ [hɯ]
헤 ヘ [he]	**해** ヘ [hɛ]	**호** ホ [ho]	**허** ホ [hɔ]

하 = ㅎ + ㅏ

ハ [ha] = [h] + 右「ア」[a]

하마 ハマ(カバ)

히 = ㅎ + ㅣ

ヒ [hi] = [h] + 縦「イ」[i]

히트 ヒトゥ(ヒット)

후 = ㅎ + ㅜ

フ [hu] = [h] + 下「ウ」[u]

후후후 フフフ(フフフ)

흐 = ㅎ + ㅡ
フ　　　　　 ㅎ　 横「ウ」
[hɯ]　　　[h]　　[ɯ]

<u>흐흐흐</u> フフフ(フフフ)

헤 = ㅎ + ㅔ
ヘ　　　　　 ㅎ　 エイチの「エ」
[he]　　　[h]　　[e]

헤어 ヘオ(ヘアー)

해 = ㅎ + ㅐ
ヘ　　　　　 ㅎ　 エイチの「エ」
[hɛ]　　　[h]　　[ɛ]

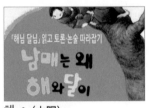

해 ヘ(太陽)

호 = ㅎ + ㅗ
ホ　　　　　 ㅎ　 上「オ」
[ho]　　　[h]　　[o]

호박
ホバク
(カボチャ)

허 = ㅎ + ㅓ
ホ　　　　　 ㅎ　 左「オ」
[hɔ]　　　[h]　　[ɔ]

허수아비 ホスアビ(かかし)

77

では、おさらいをしましょう。

ここまでで学んだ子音です。線で結びましょう。

ㅇ・	・A		・① p・	・시 シ	
ㄱ・	・B		・② m・	・리 リ	
ㄴ・	・C		・③ 母音 &ン・	・히 ヒ	
ㅁ・	・D		・④ r・	・니 ニ	
ㅅ・	・E		・⑤ tʃ・	・미 ミ	
ㄷ・	・F		・⑥ n・	・이 イ	
ㄹ・	・G		・⑦ k・	・디 ティ	
ㅂ・	・H		・⑧ h・	・비 ピ	
ㅈ・	・I		・⑨ s・	・기 キ	
ㅎ・	・J		・⑩ t・	・지 チ	

解答　ㅇ―G―③―이、ㄱ―D―⑦―기、ㄴ―J―⑥―니、ㅁ―A―②―미、
ㅅ―H―⑨―시、ㄷ―F―⑩―디、ㄹ―B―④―리、ㅂ―C―①―비、
ㅈ―I―⑤―지、ㅎ―E―⑧―히

4章

パッチムを
マスター
しよう

1 | パッチムって何?

　ハングルの文字には、これまで習ってきた「子音+母音」から
できた文字のほかに、「**각、난、덛、럴、봄、숫**」といった「子音+
母音」の下に「パッチム」といわれる、もうひとつの「子音」がつ
いた文字があります。

　パッチムに使われる文字は、これまで習ってきた子音文字を
使い、また発音も同じか、ちょっと違うくらいです。

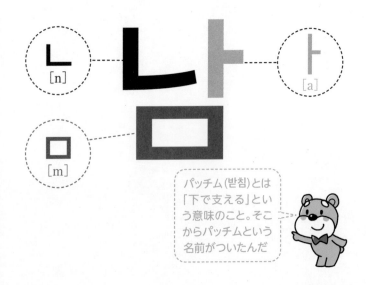

ㄴ [n]

ㅁ [m]

ㅏ [a]

パッチム (받침)とは
「下で支える」とい
う意味のこと。そこ
からパッチムという
名前がついたんだ

　この赤い文字がパッチムです。マッチ箱の「**ㅁ**」が使われて
います。

　日本語で「キムチ」と言うとき[kimuchi]となるように、基本的に一つひとつの文字はほとんどが母音で終わります（kimuchiの赤い部分ですね）。

　ところがハングルの場合、「김치」という2文字（「김」[kim]と「치」[chi]に分かれます）で表します。

キムチ
[ki mu chi]

김치
[kim chi]

「キムチ」[*1]
だね！

　김치の「김」の「ㅁ」は口を閉じたまま発音すべきで、日本語の「ム」のように唇を開けて発音はしません。つまりパッチムの発音は最後に唇や舌などを閉じたりして、空気の流れを止めます。
　パッチムの詳細はP84〜95にあります。

[*1] 本書ではパッチムは、「ン」を除いては「ク、ム、ツ、プ」などのように小さく表記しました。

2 | ハングルの仕組み

　ここでもう一度、ハングルの仕組みをおさらいしましょう。

　ハングルはいずれも「ㄱ、ㅁ」などの子音文字と、「ㅣ、ㅏ」などの母音文字の組み合わせからできています。

　組み合わせには

①子音＋母音　②子音＋母音＋子音

があります。さらに、①②とも母音が子音の右にくるものと、母音が子音の下にくるものに分かれます。

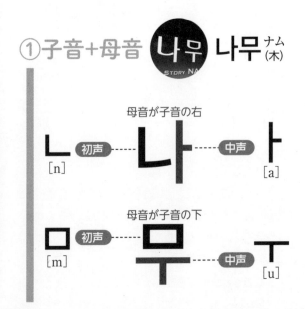

①子音＋母音　나무　나무 ナム（木）

STORY NA

母音が子音の右

ㄴ [初声] ---- 나 ---- [中声] ㅏ
[n]　　　　　　　　　　　　　[a]

母音が子音の下

ㅁ [初声] ---- 무 ---- [中声] ㅜ
[m]　　　　　　　　　　　　　[u]

②子音+母音+子音 남문 ナムムン (南門)

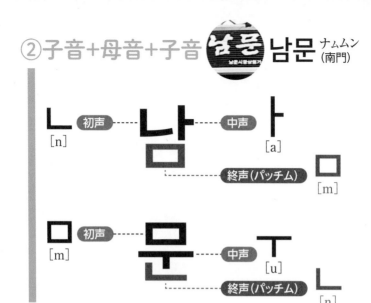

ㄴ 初声 [n]

남 → 中声 ㅏ [a]

終声（パッチム） ㅁ [m]

ㅁ 初声 [m]

문 → 中声 ㅜ [u]

終声（パッチム） ㄴ [n]

　나[na]の下にㅁ[m]がついているから 남[nam]=「ナム」、무[mu]の下にㄴ[n]がついているから문[mun]=「ムン」と発音します。

　文字の最初の子音を「初声」、母音を「中声」、音節の最後の子音を「終声」といいます。この「終声」が「パッチム（받침）」ですね。

　ではここでおさらいです。パッチムが含まれている単語を選びましょう。

①야채(野菜)　②뮤직(ミュージック)　③기차(汽車)
④서울(ソウル)　⑤김치(キムチ)

　文字の形を見ていたらすぐにわかりますよね。答えは、②④⑤です。

3 | 子音5兄弟のパッチム

では、ここで「ハングル子音5兄弟」で覚えた「ㄱ、ㄴ、ㅁ、ㅅ、ㅇ」の5つの子音文字がパッチムとして使われるときの発音を見てみましょう。

まず、パッチムの「ㄱ」です。カマの[k]と覚えました。

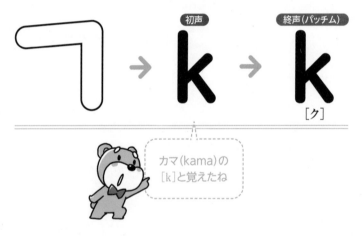

> 初声
>
> 終声（パッチム）
>
> ㄱ → **k** → **k**
>
> [ク]

> カマ(kama)の
> [k]と覚えたね

「ㄱ」はパッチムとして使われるときは小さく「**ク**」と発音します。

$$\overset{(ㄱ+ㅏ)}{가} + ㄱ = 각$$

カ[ka]　　　　ク[k]　　　　カ_ク[kak]

韓国人の名字で多い「パク(박)」はどうなるでしょう?

(ㅂ+ㅏ)

바 ＋ ㄱ ＝ 박
パ[pa]　　　ク[k]　　　パク[pak]

「각」、「박」などのパッチムの「ㄱ」の発音は、「カッカ」「パッカ」と発音するときの「ッ」のように、舌の根元あたりが喉の手前の軟口蓋につくときの音です。

> 「ㄱ」はパッチムになると
> 小さく「ク[k]」と発音します

악수
アクス
(握手)

약국 ヤックク(薬局)

次は、パッチムの「ㄴ」です。ナスの[n]でしたね。

ナス(nasu)の
[n]と覚えたね

「ㄴ」はパッチムとして使われるときも発音は変わらず[n]で、読むときは「ン」と発音します。

(ㄴ+ㅏ)
나 ＋ ㄴ ＝ 난
ナ[na]　　　　ン[n]　　　　ナン[nan]

「ㄴ」はパッチムになると
「ン[n]」と発音します

산 サン(山)

돈 トン(お金)

どんどん続けましょう。パッチムの「ㅁ」です。マッチ箱の[m]です。

初声　終声(パッチム)

ㅁ → m → m [ム]

マッチ箱(macchibako)の[m]と覚えたね

「ㅁ」はパッチムとして使われるときも発音は変わらず[m]で、読むときは「ム」と発音します。

(ㅁ+ㅏ)
마 ＋ ㅁ ＝ 맘
マ[ma]　　ム[m]　　マム[mam]

「ㅁ」はパッチムになると
小さく「ム[m]」と発音します

삼계탕 サムゲタン(サムゲタン)

마음 マウム(心)

では、パッチムの「ㅅ」です。サクランボの[s]でしたね。パッチムになるとどうなるのでしょう。

初声 / 終声（パッチム）

パッチムになると変化するよ

[ッ]

サクランボ(sakurambo)の[s]と覚えたね

「ㅅ」はパッチムとして使われるときは、[s]ではなく[t]に変化して、読むときは「ッ」と発音します。

(ㅅ+ㅏ)

사 + ㅅ = 삿

サ[sa]　　ッ[t]　　サッ[sat]

「ㅅ」はパッチムになると小さく「ッ[t]」と発音します

맛 マッ(味)

옷 オッ(服)

パッチムの「ㅇ」です。初声では母音「ア、イ、ウ、エ、オ」を表していましたね。パッチムになると変化します。

初声 終声（パッチム）

P19の覚え方の2つめに出てきたよ

[ン]

あんパン(aŋpan)の [a][ŋ]と覚えたね

「ㅇ」はパッチムとして使われるときは、[ŋ]に変化して、読むときは「ン」と発音します。

(ㅇ+ㅏ)
아 ＋ ㅇ ＝ 앙
ア[a]　　ン[ŋ]　　アン[aŋ]

「ㅇ」はパッチムになると「ン[ŋ]」と発音します

강 カン (川)

동물 トンムル(動物)

4 子音の仲間たちのパッチム

「子音5兄弟」のパッチムを見てきましたが、今度は子音の仲間たち「ㄷ、ㄹ、ㅂ、ㅈ、ㅎ」のパッチムです。基本は、「子音5兄弟」のときと変わりません。

まずはパッチムの「ㄷ」です。タオルの[t]でしたね。パッチムになるとどうなるのでしょう。

初声

終声（パッチム）

ㄷ → t → t
[ツ]

タオル（taoru）の[t]と覚えたね

「ㄷ」はパッチムとして使われるときも発音は変わらず[t]で、読むときは「ツ」と発音します。

(ㄷ+ㅏ)

다 + ㄷ = 닫

タ[ta]　　　ッ[t]　　　タッ[tat]

「ㄷ」はパッチムになると 小さく「ッ[t]」と発音します

あれっ、気づきましたか？　そう、パッチムになった「ㅅ」と同じ発音なんです！　じつはパッチムになると「ッ[t]」と発音する子音は全部で4つあります。

すべて「ッ[t]」と発音する

ㅅ（サクランボの[s]）
ㄷ（タオルの[t]）
ㅈ（スウォッチの[ʧ]）
ㅎ（フタの[h]）

まとめて覚えておきましょう。

発音するときは、口を軽く開けて舌先を前歯にくっつけ、英語の「t」、日本語の「タッチ」の「ッ」と同じように言ってみましょう。

곧 コッ（すぐ）

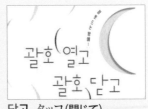
닫고 タッコ（閉じて）

次はパッチムの「ㄹ」です。リボンの[r]でしたね。

初声
r

終声(パッチム)
l
[ル]

パッチムに
なると変化
するよ

リボン(ribon)の
[r]と覚えたね

「ㄹ」はパッチムとして使われる
ときは、[r]ではなく[l]に変化し
て、読むときは「**ル**」と発音します。

ただ、日本語の「ラ、リ、ル、レ、ロ」の[r]とパッチム「ㄹ」の[l]
の区別はないので、あまり意識しなくても大丈夫です。

(ㄹ+ㅏ)

라 + **ㄹ** = **랄**

ラ[ra]   ル[l]   ラル[ral]

「ㄹ」はパッチムになると
小さく「ル[l]」と発音します

불고기 プルコギ(焼肉)

갈비
カルビ
(カルビ)

パッチムの「ㅂ」です。パッとの[p]でしたね。

初声 **p** → 終声(パッチム) **p**
[プ]

パッと(patto)
の[p]と覚えたね

「ㅂ」はパッチムとして使われるときも発音は変わらず[p]で、読むときは「プ」と発音します。

（ㅂ+ㅏ）
바 + **ㅂ** = **밥**
パ[pa]　　プ[p]　　パプ[pap]

「ㅂ」はパッチムになると 小さく「プ[p]」と発音します

밥 パプ(ご飯)

집 チプ(家)

パッチムの「ス」です。スウォッチの[ʧ]でしたね。P91で説明しましたが、パッチムになると音が変化します。

初声

終声（パッチム）

ス → ʧ → t

パッチムになると変化するよ

[ツ]

スウォッチ（swatch）の[ʧ]と覚えたね

「ス」はパッチムとして使われるときは、[ʧ]ではなく[t]に変化して、読むときは「ツ」と発音します。

（ス＋ㅏ）

자 ＋ ス ＝ 잦

チャ[ʧa]   ッ[t]   チャッ[ʧat]

「ス」はパッチムになると
小さく「ッ[t]」と発音します

낮 ナッ（昼）

젖 チョッ（乳）

　　パッチムの「ㅎ」です。フタの[h]でしたね。これもパッチム
になると音が変化します。

初声　h　終声（パッチム）　t

ㅎ → h → t

> パッチムに
> なると変化
> するよ

[ツ]

> フタ(huta)の
> [h]と覚えたね

「ㅎ」はパッチムとして使われる
ときは、[h]ではなく、[t]に変化し
て、読むときは「ツ」と発音します。

（ㅎ＋ㅏ）

하 ＋ ㅎ ＝ 핟

ハ[ha]　　　ッ[t]　　　ハッ[hat]

「ㅎ」はパッチムになると
小さく「ッ[t]」と発音します

히읗 ヒウッ（"ㅎ"の名称）

놓지 마 ノッチマ（逃すな）

　ここまでで、子音5兄弟「ㄱ、ㄴ、ㅁ、ㅅ、ㅇ」と子音の仲間たち「ㄷ、ㄹ、ㅂ、ㅈ、ㅎ」の計10個の子音のパッチムを見てきました。一度、まとめておきましょう。

　パッチムのとにきに発音が変わるものを赤字にしました。

パッチムに使われる文字	初声のときの発音	パッチムのときの発音
ㄱ	[k]	ク [k]
ㄴ	[n]	ン [n]
ㅁ	[m]	ム [m]
ㅅ	[s]	ッ [t]
ㅇ	―(母音)	ン [ŋ]
ㄷ	[t]	ッ [t]
ㄹ	[r]	ル [l]
ㅂ	[p]	プ [p]
ㅈ	[ʧ]	ッ [t]
ㅎ	[h]	ッ [t]

　つまり「ㅅ、ㅈ、ㅎ」は「ッ[t]」、「ㅇ」はあんパンの「ン[ŋ]」です。そして「ㄹ」は「ル[l]」と発音します。

5章

似て非なる
激音、濃音

1 激音

　これまで10個の子音を中心に紹介してきましたが、ここで「ㅋ、ㅌ、ㅍ、ㅊ」や「ㄲ、ㄸ、ㅃ、ㅆ、ㅉ」というハングルを見てください。何か気づきませんか？　そう、これまで習ってきた子音と見た目がよく似ているけど、どこか違うんです。

　韓国語の中には、強く息をともなって発音する「激音」や音をつまらせて発音する「濃音」というものがあります。ここではそれらについて詳しく見ていきましょう。

　日本語の「カ」「タ」「パ」「チャ」などを思いっきり息を吐き出して発音するものを「激音」といいます。

 激音にあたるのは全部で4文字！

| ㅋ | ㅌ | ㅍ | ㅊ |

　そう、これらの文字は、これまで覚えてきた文字に毛が生えたような形をしています。

| ㄱ→ㅋ | ㄷ→ㅌ | ㅂ→ㅍ | ㅈ→ㅊ |

　ㅂのみ、ちょっと違いますが、基本、激音の文字は平音の文字（これまで勉強してきた「子音5兄弟」と「子音の仲間たち」）に横棒（点）がひとつ加わるだけです。

では、発音はどう変わるのでしょうか?

平音[発音]		激音[発音]	
ㄱ [k]	→	ㅋ [kʰ]
ㄷ [t]	→	ㅌ [tʰ]
ㅂ [p]	→	ㅍ [pʰ]
ㅈ [ʧ]	→	ㅊ [ʧʰ]

　発音するときは、ろうそくの火を吹き消すつもりで、息をいっぱい吐き出します。

激音はおもいっきり息を
吐き出して!

바
パ
[pa]

파
パ
[pʰa]

1

息を強く出しながら「ㅋ」(カマの[k])

「ㄱ」に毛が生えたような「ㅋ」

「**카**」は息を強く吐き出しながら「カ」と発音します。

카	**키**	**쿠**	**크**	**케**	**캐**	**코**	**커**
カ	キ	ク	ク	ケ	ケ	コ	コ
[kʰa]	[kʰi]	[kʰu]	[kʰɯ]	[kʰe]	[kʰɛ]	[kʰo]	[kʰɔ]

카카오 カカオ
(カカオ)

카드 カドゥ
(カード)

커피
コピ
(コーヒー)

큰
クン
(大きい)

콩나무
コンナム
(豆の木)

2
息を強く出しながら「ㄷ」(タオルの[t])

「ㄷ」に毛が生えたような「ㅌ」

「타」は息を強く吐き出しながら「タ」と発音します。

타	티	투	트	테	태	토	터
タ	ティ	トゥ	トゥ	テ	テ	ト	ト
[tʰa]	[tʰi]	[tʰu]	[tʰɯ]	[tʰe]	[tʰɛ]	[tʰo]	[tʰɔ]

타고 タゴ
(乗って)

메타버스
メタボス
(メタバース)

토요일
トヨイル
(土曜日)

틈새
トゥムセ
(隙間)

털보
トルボ
(ひげ面)

3
息を強く出しながら「ㅂ」(パッとの[p])

「ㅍ」は
ちょっと変形だね!

「**파**」は息を強く吐き出しながら
「パ」と発音します。

파	**피**	**푸**	**프**	**페**	**패**	**포**	**퍼**
パ	ピ	プ	プ	ペ	ペ	ポ	ポ
[pʰa]	[pʰi]	[pʰu]	[pʰɯ]	[pʰe]	[pʰɛ]	[pʰo]	[pʰɔ]

파도 パド(波)

퍼포먼스
ポポモンス
(パフォーマンス)

풀
プル
(草)

팥빙수
パッピンス
(小豆かき氷)

4

息を強く出しながら「ㅊ」（スウォッチの[tʃ]）

「ㅈ」に毛が生えた
ような「ㅊ」。
「ㅊ」と「ㅊ」は形は
ちょっと違っても
同じ文字に使うよ！

「차」は息を強く吐き出しながら
「チャ」と発音します。

차	치	추	츠	체	채	초	처
チャ	チ	チュ	チュ	チェ	チェ	チョ	チョ
[tʃʰa]	[tʃʰi]	[tʃʰu]	[tʃʰɯ]	[tʃʰe]	[tʃʰɛ]	[tʃʰo]	[tʃʰɔ]

홍차 ホンチャ
（紅茶）

처음처럼 チョウムチョロム
（最初のように）

책
チェク
（本）

춤
チュム
（ダンス）

2 濃音

先ほどまでは毛が生えた「激音」でしたが、今度は「濃音」です。

日本語に「かっぱ（河童）」や「バット」といったつまる音があり
ますが、韓国語にもあるんです。それが「濃音」になります。

まず「かっぱ」「バット」と声に出して読んでみましょう。言えま
したか？　今度は2つに分けて、「かっ/ぱ」「バッ/ト」と言ってみ
ましょう。問題ないですね。

では、次は分ける位置を変えて、「か/っぱ」「バ/ット」。うまく
いきましたか？　この「っぱ」「ット」のようなものが濃音です。

このように、濃音は同じ文字を2つ重ねて書きます。音も文字
も2つ重ねて濃いから「濃音」。覚えやすいですね。

濃音にあたるのは全部で5文字！

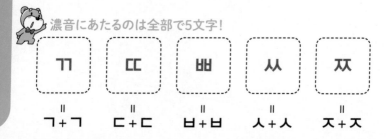

濃音に母音「ㅏ」をつけた5つの文字を読んでみましょう。

까 따 빠 싸 짜
[ッカ/ˀka] [ッタ/ˀta] [ッパ/ˀpa] [ッサ/ˀsa] [ッチャ/ˀtʃa]

韓国語は「平音」、「激音」、「濃音」によって、意味が変わります。

자다 차다 짜다
[チャダ/tʃada] [チャダ/tʃʰada] [ッチャダ/ˀtʃada]
（寝る） （冷たい） （しょっぱい）

平音［発音］		濃音［発音］
ㄱ [k]	→	ㄲ [ˀk]「ッカ」に似た音
ㄷ [t]	→	ㄸ [ˀt]「ッタ」に似た音
ㅂ [p]	→	ㅃ [ˀp]「ッパ」に似た音
ㅅ [s]	→	ㅆ [ˀs]「ッサ」に似た音
ㅈ [tʃ]	→	ㅉ [ˀtʃ]「ッチャ」に似た音

発音するときは、「ッ○」となるように意識しましょう。

> # 濃音は音も文字も
> # 濃いんです

1
喉をつまらせながら「ㄲ」(カマの[k])

カマが2つで「ㄲ」、発音も濃くなるね!

「까」は「アッカ」と発音したときの「ッカ」に似た音です。

까	끼	꾸	끄	께	깨	꼬	꺼
ッカ	ッキ	ック	ック	ッケ	ッケ	ッコ	ッコ
[ˀka]	[ˀki]	[ˀku]	[ˀkɯ]	[ˀke]	[ˀkɛ]	[ˀko]	[ˀkɔ]

까치
ッカチ
(カササギ)

깨
ッケ
(ごま)

벌꿀
ポルックル
(ハチミツ)

꽃
ッコッ
(花)

2
喉をつまらせながら「ㄸ」(タオルの[t])

タオルが2つで「ㄸ」、発音も濃くなるね！

「따」は「アッタ」と発音したときの「ッタ」に似た音です。

따	띠	뚜	뜨	떼	때	또	떠
ッタ	ッティ	ットゥ	ットゥ	ッテ	ッテ	ット	ット
[ʔta]	[ʔti]	[ʔtu]	[ʔtɯ]	[ʔte]	[ʔtɛ]	[ʔto]	[ʔtɔ]

따로
ッタロ
(別に)

또 ット
(また)

뚜벅뚜벅
ットゥボクットゥボク
(コツコツ歩くときの音)

떡
ットク
(餅)

뚝배기
ットゥクペギ
(土鍋)

3
喉をつまらせながら「ㅃ」(パッとの[p])

パッと火がつく
マッチ箱が2つで「ㅃ」、
発音も濃くなるね！

「빠」は「アッパ」と発音した
ときの「ッパ」に似た音です。

빠	삐	뿌	쁘	뻬	빼	뽀	뻐
ッパ	ッピ	ップ	ップ	ッペ	ッペ	ッポ	ッポ
[ʔpa]	[ʔpi]	[ʔpu]	[ʔpɯ]	[ʔpe]	[ʔpɛ]	[ʔpo]	[ʔpɔ]

빠르다
ッパルダ
(速い)

뽀뽀
ッポッポ
(チュー)

식빵
シクッパン
(食パン)

기쁨
キップ厶
(喜び)

4
喉をつまらせながら「ㅆ」（サクランボの[s]）

サクランボが2つで「ㅆ」、発音も濃くなるね！

「싸」は「アッサ」と発音したときの「ッサ」に似た音です。

싸	씨	쑤	쓰	쎄	쌔	쏘	써
ッサ	ッシ	ッス	ッス	ッセ	ッセ	ッソ	ッソ
[ˀsa]	[ˀsi]	[ˀsu]	[ˀsɯ]	[ˀse]	[ˀsɛ]	[ˀso]	[ˀsɔ]

비싸요 ピッサヨ（高いです）

쓰레기 ッスレギ（ゴミ）

쌀 ッサル（米）

쑥쑥 ッスクッスク（すくすく）

5
喉をつまらせながら「ㅉ」（スウォッチの[ʧ]）

スウォッチ が
2つで「ㅉ」、
発音も濃くなるね！

「짜」は「アッチャ」と発音し
たときの「ッチャ」に似た音で
す。

짜	찌	쭈	쯔	쩨	째	쪼	쩌
ッチャ	ッチ	ッチュ	ッチュ	ッチェ	ッチェ	ッチョ	ッチョ
[ˀʧa]	[ˀʧi]	[ˀʧu]	[ˀʧɯ]	[ˀʧe]	[ˀʧɛ]	[ˀʧo]	[ˀʧɔ]

짜장면 ッチャジャンミョン
（ジャージャーメン）

찌개
ッチゲ
（鍋）

짹짹
ッチェクッチェク
（チュンチュン）

단짝
タンッチャク
（仲良し）

3 激音・濃音のパッチム

　ここまで「激音」と「濃音」を見てきましたが、「激音」の「ㅋ、ㅌ、ㅍ、ㅊ」と「濃音」の「ㄲ、ㅆ」は、パッチムとしても使われます。

　「激音」と「濃音」がパッチムとして使われるときは、いずれも初声のときと発音が少し変わるので覚えておきましょう。

激音のパッチム

激音［発音］		パッチムのときの発音
ㅋ $[k^h]$	→	ク $[k]$
ㅌ $[t^h]$	→	ッ $[t]$
ㅍ $[p^h]$	→	プ $[p]$
ㅊ $[ʧ^h]$	→	ッ $[t]$

濃音のパッチム

濃音［発音］		パッチムのときの発音
ㄲ $[^ʔk]$	→	ク $[k]$
ㅆ $[^ʔs]$	→	ッ $[t]$

　「激音」や「濃音」の文字がパッチムとして使われるのは、その基になった文字（ㅋ→ㄱ、ㅌ→ㄷ、ㄲ→ㄱ、ㅆ→［ㅅ］→ㄷ）に戻してから発音すればいいのです。

앞 アプ(前)

밖 パク(外)

빛 ピッ(光)

빛 ピッ(光)のほかに、빗 (櫛)、빚 (借金) も[ピッ]と発音します。

 最後にテストです。

 「平音」と「激音」と「濃音」を線で結びましょう。

ㄱ ·	· ① ㅊ ·	· A ㅃ
ㅈ ·	· ② ㅋ ·	· B ㄸ
ㅅ ·	· ③ なし ·	· C ㅉ
ㅂ ·	· ④ ㅍ ·	· D ㅆ
ㄷ ·	· ⑤ ㅌ ·	· E ㄲ

解答 ㄱ—②—E、ㅈ—①—C、ㅅ—③—D、ㅂ—④—A、ㄷ—⑤—B

6章

ダブル母音
とダブル
パッチム

1 ダブル母音

　ハングルには1文字に「와（오+ㅏ）」や「워（우+ㅓ）」のように母音がダブルで入っているものや、**2つの子音文字**（「ㄹ+ㄱ→ㄺ」など）が並んでいるものがあります。本書ではそれを、**ダブル母音**（合成母音、二重母音）、**ダブルパッチム**（二重子音）と呼びます。

　ダブル母音はもとの2つの母音に分けて、**最初の母音は[w]に変え、次の母音は元通りの発音**をしましょう。

> # ダブル母音はダブリュー[w]

$$오\underset{[o→w]}{}\ +\ ㅏ\underset{[a]}{}\ =\ 와\underset{[wa]}{}$$

オ　　　　ア　　　　　ワ

$$우\underset{[u→w]}{}\ +\ ㅓ\underset{[ɔ]}{}\ =\ 워\underset{[wɔ]}{}$$

ウ　　　　オ　　　　　ウォ

　母音の「오」「우」の発音が、[o→w]、[u→w]に変化しています。
　ではそれぞれの変化をグループに分けて見ていきましょう。

①오の仲間 ……… 와 외 왜
ワ　ウェ　ウェ

⊥[o]が入っているもの

$$
⊥_{[o→w]} +
\begin{cases}
ㅏ[a] = ㅘ & オア → ワ[wa] \\
ㅣ[i] = ㅚ & オイ → ウェ[we]* \\
ㅐ[ε] = ㅙ & オエ → ウェ[wε]
\end{cases}
$$

*この文字だけは読み方が変わっています。

では、「화」という文字を分解してみましょう。

$$ 화 = ㅎ + ⊥ + ㅏ $$

フワ　　　フタの　　　　　　オ　　　　　ア
[hwa]　　[h]　　　　　[o→w]　　　[a]

「ㅎ[h]」とダブル母音「ㅘ[wa]」が組み合わさって「화[hwa]」、つまり「**フワ**」になります。

 このグループには次の文字があります。

ワ	クワ	ヌワ	チュワ	クワ	フワ
와	과	놔	좌	콰	화
ウェ	クェ	トゥェ	プェ	スェ	チュェ	フェ
외	괴	되	뵈	쇠	죄	회
ウェ	クェ	トゥェ	スェ	フェ
왜	괘	돼	쇄	홰

過子
クヮジャ
(菓子)

外国語
ウェグゴ
(外国語)

괜찮아
クェンチャナ
(大丈夫)

②우の仲間 ┄┄┄ 워 위 웨
ウォ ウィ ウェ

┬[u]が入っているもの

┬
[u→w]
+
ㅓ[ɔ] = 둬 ウオ → ウォ[wɔ]

ㅣ[i] = 뒤 ウイ → ウィ[wi]

ㅔ[e] = 뒈 ウエ → ウェ[we]

では、「뭐」という文字を分解してみましょう。

뭐 = ㅁ + ┬ + ㅓ
ムォ   マッチ箱の   ウ   オ
[mwɔ]   [m]   [u→w] [ɔ]

「ロ［m］」とダブル母音「ㅝ［wɔ］」が組み合わさって「뭐［mwɔ］」、つまり「ムォ」になります。分解すると簡単ですね。

このグループにはおもに次の文字があります。

ウォ	クォ	ヌォ	トゥォ	チュォ	チュォ	ックォ
워	궈	눠	둬	줘	춰	꿔
ウィ	クィ	トゥィ	シュィ	チュィ	チュィ	ックィ
위	귀	뒤	쉬	쥐	취	뀌
ウェ	クェ	トゥェ	スェ	チュェ	クェ	ックェ
웨	궤	뒈	쉐	줴	궤	꿰

고마워
コマウォ
（ありがとう）

귀
クィ
（耳）

웨하스
ウェハス
（ウェハース）

　ちなみに、近年、韓国では「에［e］」と「애［ɛ］」の発音を区別しなくなりましたが、「왜［wɛ］、외［we］、웨［we］」の場合も同様で、3つとも唇を丸めて前に突き出して「ウェ」と発音すれば大丈夫です。

③二重母音 ⸺ 의 ｜ ^{ウイ}

母音文字が2つ重なってできたものの中には、これまで紹介してきた①**오**の仲間「**와、외、왜**」と、②**우**の仲間「**워、위、웨**」とは違うものがあります。これは「**ㅡ**［ɯ］」と「**｜**［i］」の組み合わせからできた「**의**」というもので、「**ㅡ**［ɯ］」と「**｜**［i］」をすばやく発音します。

> すばやく「ウイ」と発音

의 = ○ + **ㅡ** + **｜**
ウイ   あんパンの   ウ   イ
［ɯi］   母音   ［ɯ］   ［i］

ただし「**의**」には例外の読み方があります。それは、「**예의**（イェイ 礼儀）、**회의**（フェイ 会議）」などのように**語頭以外**の場合や、「**늬、희、띄**」といった「**子音+ㅢ**」のときは「**｜**［i］」と発音します。

늬 ^ニ (ㄴ + ㅢ)   **희** ^ヒ (ㅎ + ㅢ)   **띄** ^{ッティ} (ㄸ + ㅢ)

> 「**의**」は助詞の場合、「エ」と発音します！

의사 선생님이 될 거야!
의사
ウイサ
（医師）

색과 무늬의 비밀
무늬의
ムニエ
（模様の）

2 | ダブルパッチム

　ハングルの中には、「닭、값」などのようにパッチムが2つ並んでいる「**ダブルパッチム（二重子音）**」と呼ばれるものがあります。これらはいっしょに発音せずに、**どちらか片方だけを発音**します。

닭 タク ［ talk → Tak ］ 右を読む

값 カプ ［ Kapt → Kap ］ 左を読む

　「닭」はパッチムの「ㄱ」を、「값」はパッチムの「ㅂ」を読んでいます。これらにはおよそのルールがあります。

닭
タク
（鶏）

값
カプ
（値段）

❶ 右のパッチムを読むもの

ダブルパッチム	左のパッチム	右のパッチム	発音
20	**ㄹ** [l]	**ㅁ** [m]	**ム**「삶」だと「삼」と同じ「サム」と発音
27	**ㄹ** [l]	**ㄱ** [k]	**ク**「닭」だと「닥」と同じ「タク」と発音

数字の20、27に似ている「20」「27」だけは右を読むよ

삶 = 사 + 20 （ ㄹ + ㅁ ）
サム　　サ　　　　　リボンの　マッチ箱の
[sam]　[sa]　　　　[r→l]　　[m]

「**20**」は右の「ㅁ」を読むので、「**サム**」になります。

삶 サム(人生)　　　흙 フク(土)

❷ 左のパッチムを読むもの

ダブルパッチム	左のパッチム	右のパッチム	発音
ㄵ	ㄴ [n]	ㅈ [ʧ→t]	ン 「앉」だと「안」と同じ「アン」と発音
ㄳ	ㄱ [k]	ㅅ [s→t]	ク 「넋」だと「넉」と同じ「ノク」と発音
ㄼ	ㄹ [l]	ㅂ [p]	ル 「덟」だと「덜」と同じ「トル」と発音
ㅄ	ㅂ [p]	ㅅ [s]	プ 「값」だと「갑」と同じ「カプ」と発音

$$넋 \ (ノク \ [nɔk]) = 너 \ (ノ \ [nɔ]) + ㄳ \ (ㄱ + ㅅ)$$

カマの [k]　サクランボの [s→t]

「ㄳ」は左の「ㄱ」を読むので、「ノク」になります。

여덟 ヨドル(八つ)

넋 ノク(魂)

ただし、ダブルパッチムでも後に母音文字「ㅇ」が続く場合は、連音化現象（P126）が起きます。つまり、左のパッチムは最初の文字に残って、右のパッチムは次の「ㅇ」に移って発音します。

タル　ギ

닭이 ［달기］

> 右のパッチムが次の〇のところに移る

「ㄺ」の後に「ㅇ」が続いているので、「ㄱ」は「이[i]」と結びついて、「달기[tal]＋[(ki)→gi]」と発音します。

カプ　スン

값은 ［갑슨］

「ㅄ」の後に「ㅇ」が続いているので、「ㅅ」は「으[ɯ]」と結びついて、「갑슨[kap]＋[sɯn]」と発音します。

흙이[흘기] フルギ（土が）

없어요[업서요] オプソヨ（いません）

7章

章

これだけは
覚えておきたい
発音規則

1 「アナダ、ワダシ」の法則
（有声音化）

　韓国語の発音は、日本語と同じく前後の発音の影響で発音が変わることがあります。ここではいちばん使用頻度の高い2つの発音規則だけ覚えておきましょう。

　韓国人が日本語を習って話すとき、よく「あなた」のことを「アナダ」、「わたし」のことを「ワダシ」と発音する傾向があります。これは、韓国語において母音の間に挟まっている無声音を濁音（有声音）で発音するからです。

　「**구구**」（九九）と、「**부부**」（夫婦）で見てみましょう。

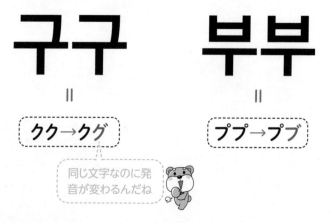

同じ文字なのに発音が変わるんだね

　これらのように「**ㄱ、ㄷ、ㅂ、ㅈ**」は、語頭では[k][t][p][ʧ]と日本語の清音のように澄んだ音（無声音）で発音されますが、語中で母音の間に挟まると [g][d][b][ʤ]と日本語の濁音（有声音）のように発音します。

ただし、「人 [s]」と「ㅎ [h]」は語中でも濁ることはありません。変化するのは、「ㄱ、ㄷ、ㅂ、ㅈ」だけです。

시소 (シーソー)
=
シソ

호화 (豪華)
=
ホフワ

平音	語頭／語頭以外（母音と母音の間）				
ㄱ [k/g]	カ/ガ **가**	キ/ギ **기**	ク/グ **구**	ケ/ゲ **게**	コ/ゴ **고**
ㄷ [t/d]	タ/ダ **다**	ティ/ディ **디**	トゥ/ドゥ **두**	テ/デ **데**	ト/ド **도**
ㅂ [p/b]	パ/バ **바**	ピ/ビ **비**	プ/ブ **부**	ペ/ベ **베**	ポ/ボ **보**
ㅈ [ʧ/ʤ]	チャ/ジャ **자**	チ/ジ **지**	チュ/ジュ **주**	チェ/ジェ **제**	チョ/ジョ **조**

語中の「**가다바자** 行」は「**ガダバジャ** 行」に変わります。

바다 パダ (海)
이야기 イヤギ (話)

소주 ソジュ (焼酎)
하고 싶어 ハゴシポ (飲みたい)

2 │ 「パイナップル」の法則
（連音化）

　「パイナップル」は「パイン（pine）」と「アップル（apple）」が合わさった語ですね。これを「パインアップル」と言わず、「パイナップル」と発音するのと同じで、韓国語においても、パッチムがある文字の次に母音（「ㅇ」の表記）で始まる文字がくると、前のパッチムの文字は次の音節の初声として発音されます。

単語　단어　→　[다너]
　　　　 タン　オ　　　　タ　ノ

> パッチムのㄴがㅇのところに移る

어린이　[어리니]（子ども）
オ リ ニ　オ リ ニ

일본어　[일보너]（日本語）
イル ボン オ　イル ボ ノ

また、助詞に○がついている**이**、**으로**、**은**、**을**などが続くときも
「連音化」が起きます。

音楽が 음_{ウム}악_{アク}이_イ → [으_ウ마_マ기_ギ]

パッチムの**ㅁ**が**ㅇ**、**ㄱ**が
ㅇのところに移る

오늘은 [오느른] (今日は)
オ ヌルウン　オ ヌルン

산으로 [사느로] (山へ)
サン ウ ロ　サ ヌ ロ

ただし、パッチムが「**ㅇ**」のときは**連音化しません。**

紙 종_{チョン}이_イ → [종_{チョン}이_イ]

「**종**」のパッチムが「**ㅇ**」なので**連音化させずに**、そのまま
「**チョンイ**」と発音します。

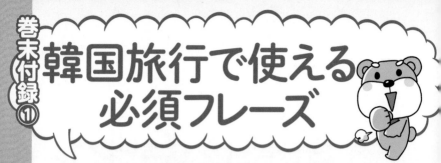

　ここまでおつかれさまでした! 読めるようになりましたか?
実際、韓国に行って周りの看板を見てください。記号にしか見えなかったハングル文字が読めるようになっていると思います。

　さてここでは、実際に韓国に行ったときに使えるフレーズをいくつか紹介します。これさえ知っていれば絶対に旅行が楽しくなるはず! ぜひ覚えてください。

こんにちは。 안녕하세요.

読み アンニョンハセヨ

「おはようございます」や「こんばんは」のあいさつとしても使えます。覚えておくと便利です。ちなみに親しい友だちには、「안녕」(アンニョン)でOK。

ありがとうございます。 감사합니다.

読み カムサハムニダ

親切にしてもらったときには、笑顔でこう言いましょう。

わかりません。 모르겠어요.

読み モルゲッソヨ

韓国語で話しかけられてわからないときは、前に「すみません」の意味の「죄송합니다」(チェソンハムニダ)をつけて、「ごめんなさい、わかりません」と言いましょう。

大丈夫です。 괜찮아요.

読み ケンチャナヨ

ショッピング中に話しかけられておすすめされたときなどに使えます。

ここに行きたいです。 여기로 가고 싶어요.

読み ヨギロ カゴシポヨ

「고 싶어요」(コ シポヨ)は願望を表す「〜したいです」という意味です。道に迷ったときは、「すみませんが」の意味の「죄송합니다만」(チェソンハムニダマン)を前につけて聞いてみてください。教えてくれると思いますよ。

ここまで行ってください。 여기까지 가 주세요.

読み ヨギッカジ カ ジュセヨ

タクシーに乗ったとき、住所を見せてこう伝えましょう。

> 現地の人と会話をするだけで旅行はもっと楽しくなるよ!

どこですか? 어디예요?

読み オディエヨ

トイレの場所が見つからないときは、「トイレは」の意味の「화장실은」(ファジャンシルン)をつけて使ってください。語尾を上げると疑問形になります。

　ものを注文するときや時間で使う数を表すことばは、日本語には「イチ、二、サン」という**漢数詞**と、「ひとつ、2つ、3つ」という**固有数詞**があります。韓国語にも同様に「일、이、삼」という**漢数詞**と、「하나、둘、셋」という**固有数詞**があります。これは覚えておくと便利です。

129

	0	**1**	**2**	**3**	**4**
漢数詞	영（ヨン） 공（コン）	일（イル）	이（イ）	삼（サム）	사（サ）
固有数詞		하나（ハナ）	둘（トゥル）	셋（セッ）	넷（ネッ）

5	**6**	**7**	**8**	**9**	**10**
오（オ）	육（ユク）	칠（チル）	팔（パル）	구（ク）	십（シプ）
다섯（タソッ）	여섯（ヨソッ）	일곱（イルゴプ）	여덟（ヨドル）	아홉（アホプ）	열（ヨル）

　10以降は、漢数詞には「십」をつけて、「십일」（シビル）、「십이」（シビ）と数えます。固有数詞には「열」をつけて、「열하나」（ヨラナ）、「열둘」（ヨルドゥル）と数えます。

　百以降～兆までは漢数詞だけです。

	百	**千**	**万**	**億**	**兆**
漢数詞／ 固有数詞	백（ペク）	천（チョン）	만（マン）	억（オク）	조（チョ）

　ちなみに、漢数詞は**値段**、**年・月・日**、時間（**分・秒**）、**人数**、**電話番号**、**階数**などを表現するとき、固有数詞は**個数**（個、本、枚）、**年齢**、時間（**時**）、**回数**などを数えるときに使います。

屋台でホットクをひとつほしいときは
호떡 하나 주세요.（ホットゥ ハナ ジュセヨ）と言えばOK。

レストランや飲食店で「2人前ください」は、
이인분 주세요.（イインブン ジュセヨ）と言います。
「1人前」は「일인분（イリンブン）」と言います。

ちなみに韓国のお店では、よく「2+1」といった表示を見かけます。これは、「3個買っても2個分の料金でOK」の意味です。

買い物でよく使うフレーズも
あわせて覚えておきましょう

これをください。이거 주세요.

読み イゴ ジュセヨ

ほしいものがあったら、指をさしてこのフレーズを言えば大丈夫！ 「주세요」（ジュセヨ）は「〜ください」なので、レジ袋がほしいときは「봉투 주세요.」（ポントゥ ジュセヨ）と言いましょう。

ありますか? 있어요?

読み イッソヨ

写真を見せながら聞いてみてください。ちなみに飲食店で日本語のメニューがほしいときは、「일본어 메뉴판」（イルボノ メニュパン）を前につけて、「일본어 메뉴판 있어요?」（イルボ）メニュパン イッソヨと言えばOKです。

いくらですか? 얼마예요?

読み オルマエヨ?

ショッピングするうえで欠かせない「フレーズです。「お会計お願いします」の意味の「계산이요」（ケサニヨ）もいっしょに覚えておくと便利です。

レシートをください。영수증 주세요.

読み ヨンスジュン ジュセヨ

カフェのレシートには店内で使えるWi-Fiのパスワードが記入されていることもあるので、もらうようにしましょう。

ハングルで自分の名前を書いてみよう!

右ページの「仮名のハングル表記法」を参考に、下記のルールに従って自分の名前をハングルで書いてみましょう。

❶ まず、名字と下の名前に分けて書く

　名字と下の名前の最初の文字が「(**a**)語頭」、その他は「(**b**)語頭以外」です。語頭以外に「カ」行、「タ」行、「キャ」行、「チャ」行がくる場合は注意しましょう。

鈴木 太郎 → <u>す</u>ずき <u>た</u>ろう

山田 花子 → <u>や</u>まだ <u>は</u>なこ

> 鈴木さんは「す」と「た」、山田さんは「や」「は」が語頭だね!

❷ それぞれにハングルをあてはめる

すずき たろう → 스즈키　다로

やまだ はなこ → 야마다　하나코

●表記細則
1. 促音「ッ」は「ㅅ」、撥音「ン」は「ㄴ」はパッチムとして表記します。
　例)札幌(サッポロ)→삿포로　　新宿(シンジュク)→신주쿠
2. 長母音は特に表記しません。
　例)東京(トーキョー)→도쿄　　日光(ニッコー)→닛코

自分の名前

仮名のハングル表記法

カナ → ハングル									
ア	イ	ウ	エ	オ	아	이	우	에	오
カ	キ	ク	ケ	コ **a** 語頭	가	기	구	게	고
				b 語頭以外	카	키	쿠	케	코
サ	シ	ス	セ	ソ	사	시	스	세	소
タ	チ	ツ	テ	ト **a** 語頭	다	지	쓰	데	도
				b 語頭以外	타	치	쓰	테	토
ナ	ニ	ヌ	ネ	ノ	나	니	누	네	노
ハ	ヒ	フ	ヘ	ホ	하	히	후	헤	호
マ	ミ	ム	メ	モ	마	미	무	메	모
ヤ		ユ		ヨ	야		유		요
ラ	リ	ル	レ	ロ	라	리	루	레	로
ワ				ヲ	와				오
ッ				ン	ㅅ				ㄴ
ガ	ギ	グ	ゲ	ゴ	가	기	구	게	고
ザ	ジ	ズ	ゼ	ゾ	자	지	즈	제	조
ダ	ヂ	ヅ	デ	ド	다	지	즈	데	도
バ	ビ	ブ	ベ	ボ	바	비	부	베	보[*1]
パ	ピ	プ	ペ	ポ	파	피	푸	페	포[*2]

キャ	キュ	キョ **a** 語頭	갸	규	교
		b 語頭以外	캬	큐	쿄
ギャ	ギュ	ギョ	갸	규	교
シャ	シュ	ショ	샤	슈	쇼
ジャ	ジュ	ジョ	자	주	조
チャ	チュ	チョ **a** 語頭	자	주	조
		b 語頭以外	차	추	초
ニャ	ニュ	ニョ	냐	뉴	뇨
ヒャ	ヒュ	ヒョ	햐	휴	효
ビャ	ビュ	ビョ	뱌	뷰	뵤
ピャ	ピュ	ピョ	퍄	퓨	표
ミャ	ミュ	ミョ	먀	뮤	묘
リャ	リュ	リョ	랴	류	료

*1、2 ハングルの바비부베보や파피푸페포を仮名で表記するときは、いずれもパピプペポです。なお、語頭以外での바비부베보は、バビブベボと表記します。

133

		基本母音									
	母音 子音	ㅏ [a]	ㅑ [ya]	ㅓ [ɔ]	ㅕ [yɔ]	ㅗ [o]	ㅛ [yo]	ㅜ [u]	ㅠ [yu]	ㅡ [ɯ]	ㅣ [i]
平音	ㄱ [k/g]	가 カ	갸 キャ	거 コ	겨 キョ	고 コ	교 キョ	구 ク	규 キュ	그 ク	기 キ
	ㄴ [n]	나 ナ	냐 ニャ	너 ノ	녀 ニョ	노 ノ	뇨 ニョ	누 ヌ	뉴 ニュ	느 ヌ	니 ニ
	ㄷ [t/d]	다 タ	댜 ティャ	더 ト	뎌 ティョ	도 ト	됴 ティョ	두 トゥ	듀 ティュ	드 トゥ	디 ティ
	ㄹ [r]	라 ラ	랴 リャ	러 ロ	려 リョ	로 ロ	료 リョ	루 ル	류 リュ	르 ル	리 リ
	ㅁ [m]	마 マ	먀 ミャ	머 モ	며 ミョ	모 モ	묘 ミョ	무 ム	뮤 ミュ	므 ム	미 ミ
	ㅂ [p/b]	바 バ	뱌 ビャ	버 ボ	벼 ビョ	보 ボ	뵤 ビョ	부 ブ	뷰 ビュ	브 ブ	비 ビ
	ㅅ [s]	사 サ	샤 シャ	서 ソ	셔 ショ	소 ソ	쇼 ショ	수 ス	슈 シュ	스 ス	시 シ
	ㅇ [ø]	아 ア	야 ヤ	어 オ	여 ヨ	오 オ	요 ヨ	우 ウ	유 ユ	으 ウ	이 イ
	ㅈ [ʧ/ʤ]	자 チャ	쟈 チャ	저 チョ	져 チョ	조 チョ	죠 チョ	주 チュ	쥬 チュ	즈 チュ	지 チ
	ㅎ [h]	하 ハ	햐 ヒャ	허 ホ	혀 ヒョ	호 ホ	효 ヒョ	후 フ	휴 ヒュ	흐 フ	히 ヒ
激音	ㅊ [ʧʰ]	차 チャ	챠 チャ	처 チョ	쳐 チョ	초 チョ	쵸 チョ	추 チュ	츄 チュ	츠 チュ	치 チ
	ㅋ [kʰ]	카 カ	캬 キャ	커 コ	켜 キョ	코 コ	쿄 キョ	쿠 ク	큐 キュ	크 ク	키 キ
	ㅌ [tʰ]	타 タ	탸 ティャ	터 ト	텨 ティョ	토 ト	툐 ティョ	투 トゥ	튜 ティュ	트 トゥ	티 ティ
	ㅍ [pʰ]	파 パ	퍄 ピャ	퍼 ポ	펴 ピョ	포 ポ	표 ピョ	푸 プ	퓨 ピュ	프 プ	피 ピ
濃音	ㄲ [ʔk]	까 ッカ	꺄 ッキャ	꺼 ッコ	껴 ッキョ	꼬 ッコ	꾜 ッキョ	꾸 ック	뀨 ッキュ	끄 ック	끼 ッキ
	ㄸ [ʔt]	따 ッタ	땨 ッティャ	떠 ット	뗘 ッティョ	또 ット	뚀 ッティョ	뚜 ットゥ	뜌 ッティュ	뜨 ットゥ	띠 ッティ
	ㅃ [ʔp]	빠 ッバ	뺘 ッビャ	뻐 ッボ	뼈 ッビョ	뽀 ッボ	뾰 ッビョ	뿌 ップ	쀼 ッビュ	쁘 ップ	삐 ッビ
	ㅆ [ʔs]	싸 ッサ	쌰 ッシャ	써 ッソ	쎠 ッショ	쏘 ッソ	쑈 ッショ	쑤 ッス	쓔 ッシュ	쓰 ッス	씨 ッシ
	ㅉ [ʔʧ]	짜 ッチャ	쨔 ッチャ	쩌 ッチョ	쪄 ッチョ	쪼 ッチョ	쬬 ッチョ	쭈 ッチュ	쮸 ッチュ	쯔 ッチュ	찌 ッチ

薄い文字は、特殊な外来語の表記や発音の表記などを除いては実際にはほとんど使われることはありません。

合成母音

ㅐ [ɛ]	ㅒ [yɛ]	ㅔ [e]	ㅖ [ye]	ㅘ [wa]	ㅙ [wɛ]	ㅚ [we]	ㅝ [wɔ]	ㅞ [we]	ㅟ [wi]	ㅢ [ɰi]
개	걔	게	계	과	괘	괴	궈	궤	귀	긔
내	냬	네	녜	놔	놰	뇌	눠	눼	뉘	늬
대	댸	데	뎨	돠	돼	되	둬	뒈	뒤	듸
래	럐	레	례	롸	뢔	뢰	뤄	뤠	뤼	릐
매	먜	메	몌	뫄	뫠	뫼	뭐	뭬	뮈	믜
배	뱨	베	볘	봐	봬	뵈	붜	붸	뷔	븨
새	섀	세	셰	솨	쇄	쇠	숴	쉐	쉬	싀
애	얘	에	예	와	왜	외	워	웨	위	의
재	쟤	제	졔	좌	좨	죄	줘	줴	쥐	즤
해	햬	헤	혜	화	홰	회	훠	훼	휘	희
채	챼	체	쳬	촤	쵀	최	춰	췌	취	츼
캐	컈	케	켸	콰	쾌	쾨	쿼	퀘	퀴	킈
태	턔	테	톄	톼	퇘	퇴	퉈	퉤	튀	틔
패	퍠	페	폐	퐈	퐤	푀	풔	풰	퓌	픠
깨	꺠	께	꼐	꽈	꽤	꾀	꿔	꿰	뀌	끠
때	떄	떼	뗴	똬	뙈	뙤	뚸	뛔	뛰	띄
빼	뺴	뻬	뼤	뽜	뽸	뾔	뿨	쀄	쀠	쁴
쌔	썌	쎄	쎼	쏴	쐐	쐬	쒀	쒜	쒸	씌
째	쨰	쩨	쪠	쫘	쫴	쬐	쭤	쮀	쮜	쯰

著者 チョ・ヒチョル

日本薬科大学韓国薬学コース客員
教授。ハングル普及会「お、ハン
グル！」主宰。元東海大学教授。
NHK「テレビでハングル講座」
（2009〜2010年度）講師。著書
に『1時間でハングルが読めるよ
うになる本』『マンガでわかる！
1時間でハングルが読めるように
なる本』『3語で韓国語会話がで
きる本』『1日でハングルが書け
るようになる本』『ヒチョル式韓
国語単語がわかる本』（すべて
Gakken）、『本気で学ぶ韓国語』
（ベレ出版）『ヒチョル先生の ひ
とめでわかる 韓国語 きほんのき
ほん』（高橋書店）など多数。

ハングルは読めるように
なりましたか？
次は「書く」ことにも
挑戦してみましょう。

**ヒチョル式
超速ハングル覚え方講義**

**1時間で
ハングルが
読めるように
なる本** 改訂版

著者	チョ・ヒチョル
ブックデザイン	髙橋コウイチ（WF）
DTP	アスラン編集スタジオ
編集	玉置晴子
イラスト	春原弥生、石玉サコ
校正	東京出版サービスセンター
	後藤知代
	小川ゆきな